图说《孙子兵法》

TUSHUO SUNZIBINGFA

〔春秋〕孙武·著　将者·注评

中国华侨出版社

图书在版编目（CIP）数据

图说《孙子兵法》/（春秋）孙武著；将者注评
．—北京：中国华侨出版社，2016.8

ISBN 978-7-5113-5434-1

Ⅰ.①图… Ⅱ.①孙… ②将… Ⅲ.①兵法—中国—春秋战国时代—通俗读物 Ⅳ.①E892.25-49

中国版本图书馆CIP数据核字（2016）第202638号

●图说《孙子兵法》

著　　者／（春秋）孙武
注　　评／将　者
插　　图／童心绘制图书设计工作室
责任编辑／文　卿
责任校对／王京燕
版式设计／
经　　销／全国新华书店
开　　本／787×1092毫米　1/16　印张/22.5　字数/392千字
印　　刷／联城印刷（北京）有限公司
版　　次／2016年10月第1版　2016年10月第1次印刷
书　　号／ISBN 978-7-5113-5434-1
定　　价／60.00元

中国华侨出版社　北京市朝阳区静安里26号通成达大厦3层　邮编：100028
法律顾问：陈鹰律师事务所
编辑部：（010）64443056　64443979
发行部：（010）64443051　**传真**：（010）64439708
网　址：www.oveaschin.com
E-mail：oveaschin@sina.com

孙中山 / 中国近代民主革命的伟大先行者

“就中国历史来考究，两千多年前的《孙子兵法》，有十三篇，那十三篇兵书，便成立中国的军事哲学。”

拿破仑·波拿巴 / 法兰西第一帝国的缔造者

拿破仑在圣赫勒拿岛囚禁的最后岁月，看到《孙子兵法》时，曾老泪纵横地说道：“如果我早看到它，我怎么会落到如此下场。”

尼克松 / 美国第37届总统

尼克松在《1999不战而胜》一书中引用了许多孙子的语录，并说：“当有一天，中国的年轻人，已经不再相信，他们老祖宗的教导和他们的传统文化，我们美国人，就不战而胜了。”其思想正是源于《孙子兵法》中“不战而屈人之兵”的战略思想。

马均 / 中国中小企业协会副会长，APEC中小企业服务联盟中国委员会副主任

《孙了兵法》十三篇，处处透射出一种精神，一种魄力，一种境界，一种立于不败之地、主导战场、致人而不致于人的气势，一种积极进取、争夺主动的勇气和胆略。孙子所阐述的谋略思想和哲学思想，在今天已经被广泛地运用于军事、政治、经济等各领域中。

孙正义 / 日本软件银行集团董事长兼总裁

“如果没有《孙子兵法》，就没有我孙正义。”

任正非 / 华为公司创始人、总裁

兵者，诡道也。商战胜过军事战争，从近代世界战争史来看，我认为，现代化军事战争是为现代商业战争服务的，我们华为人对此理解得十分透彻。虽然这与人类文明方向是有矛盾的，但人类就是在这些矛盾体中不断取得进步。华为今天所取得的成功，归根结底还是灵活运用了《孙子兵法》的核心思想：道天地将法。

马云 / 阿里巴巴创始人

马云曾公开表示，《道德经》、《孙子兵法》这两本书经常翻看。2013年6月13日，马云在杭州师范大学阿里巴巴商学院的毕业典礼上发表演讲，并写下了“智信仁勇严”（出自《孙子兵法·计篇》：“将者，智信仁勇严也。”）五个大字，赠予杭州师范大学阿里巴巴商学院的全体师生。

张瑞敏 / 海尔集团董事局主席兼首席执行官

《老子》帮助我确立企业经营发展的大局观，《论语》培育我威武不能屈、贫贱不能移、勇于进取、

刚健有为的浩然正气，《孙子兵法》帮助我形成具体的管理方法和企业竞争谋略。

斯莱瑟 / 英国空军元帅

“孙武的思想有惊人之处——把一些词句稍加变换，他的箴言就像是昨天刚写出来的。”

白圭 / 战国时期魏国商人，最早将《孙子兵法》引入商业。

“吾治生产，犹伊尹、吕尚之谋，孙吴用兵，商鞅行法是也。”

尉缭 / 古代兵书《尉缭子》一书的作者

“有提十万之众而天下莫当者谁？曰桓公也。有提七万之众而天下莫当者谁？曰吴起也。有提三万之众而天下莫当者谁？曰武子也。”

曹操 / 三国时期魏国的政治家、军事家

“吾观兵书战策多矣，孙武所著深矣！”

诸葛亮 / 三国时期蜀国的政治家

“孙武所以能制胜于天下者，用法明也。”

李世民 / 唐代第二任皇帝、贞观之治的缔造者

“朕观诸兵书，无出孙武；孙武十三篇，无出虚实。夫用兵识虚实之势，则无不胜焉。”“吾谓不战而屈人之兵者，上也。百战百胜者，中也。深沟高垒以自守者，下也。以是较量，孙武著书，三等皆具焉。”

朱元璋 / 明朝开国皇帝

“以朕观之，武之书杂出于古之权书，特未纯耳。其曰‘不仁之至’、‘非胜之主’，此说极是。盖武之书必有所授，而武之术则不能尽如其书也。”

韩非 / 法家代表人物

“境内皆言兵，藏孙吴之书者家有之。”

茅元仪 / 明朝学者，《武备志》一书的作者

“前孙子者，孙子不遗；后孙子者，不遗孙子。”

序　言

《孙子兵法》可以是一种信仰

从事《孙子兵法》研究与讲学已十年有余，可谓是越学越爱，越爱越学。在研习过程中，有心灵的震撼，有思想的启迪，有如获至宝的狂喜，甚至有恋人初见的怦然心动……感慨万千，身心受益，身为一名中国人，何其幸运，何其自豪！

这么多年来，心中一直有一个愿望，带着一颗最虔诚的心去朝圣先哲孙子。

本人于2016年6月6日从北京出发，经天津，穿河北，历时七天，以骑行方式完成了多年的心愿：去孙子故里——山东惠民朝圣孙子。或许是苍天的考验，在骑行的途中，有炎炎烈日，亦有大雨倾盆；有修路封道，亦有车辆故障，但这些似乎都不算什么！因为在我心里只有一个地方、一个人。

这次朝圣之旅——
是一次对意志的挑战！
是一次对信仰的考验！
是一次对灵魂的洗礼！
是一次与先哲孙子精神的对话！

更是一次对博大精深的中华文化的求索与领悟！

在兵祖圣像前，我以一颗虔诚之心，许下三个愿望：

愿我中华国泰民安，民强国富！

愿我中华儿女崇文尚武，振我国威！

愿我中华文化与时俱进，生生不息！

令人遗憾的是，《孙子兵法》这部如此伟大的哲学经典，却未引起国人的重视与学习。

国内研究《孙子兵法》的机构不足百家，而日本却有近三百家，美国、英国、德国、俄罗斯、法国、韩国都有专门研究《孙子兵法》的机构。日本有位企业家叫松下幸之助，他说："《孙子兵法》是天下第一神灵，我们必须顶礼膜拜，企业才能长盛不衰。"还有一位叫孙正义的，他说："如果没有《孙子兵法》，就没有我孙正义。"

或许是熟悉的地方没有风景？

或许是西学东进让我们在走向迷失？

或许是忙于经济效益，无暇学习？

这不得不说是一大遗憾，也是最大的损失，故在此感召天下学友，共同努力，推动中国传统文化的发展、进步与创新，定能惠及你我，惠及社会，惠及国家。

对孙子及《孙子兵法》的几点认识

《孙子兵法》到底是一本什么书？

传统的观点认为，这是一部写给军人读的兵书著作。

能看到《孙子兵法》这样一部惊世之作，难道仅仅是军人之幸吗？

我不这样认为！

虽然《孙子兵法》论述的是战争的一般规律，揭示的是战争之道。但我认为，《孙子兵法》更是一本揭示竞争规律的不朽之作。

战争是人类相互竞争的产物，是人类最典型、最现实、最残酷的竞争！

绵延不绝的中华五千年历史，也是一部文明与野蛮不断发生冲突的历史，是一部破坏与维护、崩溃与重建的战争史！

在战旗飘扬、战马嘶鸣、战士哀嚎的春秋战国时代，孙子经历了生与死的考验，血与火的洗礼，故而他的战争的战略思想和指导原则蕴含了人类最丰富的斗争智慧和竞争哲学，对人类竞争活动的基本规律有着独到的见识和领悟，包括理性的竞争态度、强大的竞争实力、正确的竞争利害观以及高超的竞争智慧。

孙子到底有多高明？体现在以下几个方面：

一、孙子是位经济专家

打仗打的是综合国力，打的是经济，在2500年之前，孙子就看透了这个问题，并想好了对策，钱粮问题应该怎样解决。

孙子曰：国之贫于师者远输，远输则百姓贫；近于师者贵卖，贵卖则百姓财竭，财竭则急于丘役。力屈、财殚，中原内虚于家。百姓之费，十去其七；公家之费，破车罢马，甲胄矢弩，戟楯蔽橹，丘牛大车，十去其六。

——《孙子兵法·作战篇》

如果没有规划好用兵是会导致国家贫穷的。

国家之所以因用兵而导致贫穷，就是由于大量的供给和长远的运输。军队远征，长途运输，就会使百姓陷于贫困，靠近驻军的地区必然物价飞涨，孙子那个时候就明白CPI对国家、社会、人民的影响，好在那个时候的货币都是些铲币、刀币、金币、贝币等，不如现在纸币印刷来得方便，否则，那个时候可能就知道什么叫通货膨胀了。

物价飞涨就会使得百姓财力枯竭，军事物资采购成本就会增加，国家没钱就必然增加税赋……

整段文字，孙子从国家战略层面分析了战争与经济的关系。在那个年代能有如此高瞻远瞩、纵观全局的战略型思维是非常难得的。

凡兴师十万，出征千里，百姓之费，公家之奉，日费千金；内外骚动，怠于道路，不得操事者，七十万家。

——《孙子兵法·用间篇》

孙子算了一笔账，一个士兵要七户养。十万士兵出征打仗将会影响和消耗七十万家的产出，那将意味着GDP就会下降，国家就会越打越穷，越打越弱，在那个狼烟四起、群雄逐鹿的时代将是非常危险的。

孙子作为一名职业军人，看到了战争以外的核心问题、本质问题是经济问题，他对于战争与经济的论述简直就是一篇战争经济学，称他为经济专家也不为过。

二、孙子是位心理专家

孙子对敌我士卒的心理的精确把握，在2500前就有较为系统的描述，不能不让人钦佩孙子超强的心理洞察能。

孙子曰：敌近而静者，恃其险也；远而挑战者，欲人之进也；其所居易者，利也。众树动者，来也；众草多障者，疑也；鸟起者，伏也；兽骇者，覆也；尘高而锐者，车来也；卑而广者，徒来也；散而条达者，樵采也；少而往来者，营军也。辞卑而益备者，进也；辞强而进驱者，退也；轻车先出居其侧者，陈也；无约而请和者，谋也；奔走而陈兵车者，期也；半进半退者，诱也。杖而立者，饥也；汲而先饮者，渴也；见利而不进者，劳也；鸟集者，虚也；夜呼者，恐也；军扰者，将不重也；旌旗动者，乱也；吏怒者，倦也；粟马肉食，军无悬缻，不返其舍者，穷寇也；谆谆翕翕，徐与人言者，失众也；数赏者，窘也；数罚者，困也；先暴而后畏其众者，不精之至也；来委谢者，欲休息也。兵怒而相迎，久而不合，又不相去，必谨察之。

——《孙子兵法·行军篇》

敌军很近而仍保持镇静，是倚仗有利的地形；敌军很远而又前来挑战，是企图诱我军深入；敌军不居险要而居平地，定有它的优势和企图。

树林内树木摇动，是敌军向我袭来；草丛中设有大量遮蔽物的，是敌人企图迷惑我；鸟儿突然飞起，是下面有伏兵；走兽受惊猛跑，是敌人大举来袭。飞尘高而尖的，是敌人战车

向我开来；飞尘低而广的，是敌人步卒向我开来；飞尘分散而细长的，是敌人在打柴；飞尘少而时起时落的，是敌军察看地形，准备设营。

敌方使者言词谦卑而又加紧备战的，是要向我进攻；敌方使者言辞强硬而军队又向我进逼，是准备撤退；敌战车先出并占据侧翼，是布列阵势，准备作战；敌方没有预先约定而突然来议和，其中必有阴谋；敌方急速奔走并展开兵车，是期求与我交战；敌军半进半退的，可能是伪装混乱来引诱我。

敌兵倚仗手中的兵器站立，是饥饿缺粮；敌兵从井里打水而急于先饮，是干渴缺水；敌人见利而不前进，是由于疲劳过度。敌方营寨上有飞鸟停集，说明营寨已空虚无人；敌营夜间人惊呼，说明敌军心里恐惧；敌营纷扰无秩序，是其将帅没有威严；敌营旌旗乱动，是其阵形混乱；敌官吏急躁易怒，是敌军过度困倦。敌人用粮食喂马，杀牲口吃，收起炊具，不返回营寨，是“穷寇”；敌兵聚集一起私下低声议论，是其将领不得众心；再三犒赏士卒。说明敌军已没有别的办法；一再重罚部属，是敌军陷于困境；将帅先对士卒凶暴后又畏惧士卒，说明其太不精明了；敌人借故派使者来谈判的，是想休兵息战。敌军盛怒前来，但久不接战，又不离去，必须谨慎观察其企图。

多么到位的心理分析！多么精准的人情洞察！多么精辟的经验总结！

每每读到这段雄文，都让人心潮澎拜，孙子能够透过一些外在的表象而洞明世道人心，揭示事物的真相与动机，这就是智慧的体现。

对此，孙子还有相关论述：

故三军可夺气，将军可夺心。是故朝气锐，昼气惰，暮气归。故善用兵者，避其锐气，击其惰归，此治气者也。以治待乱，以静待哗，此治心者也。以近待远，以佚待劳，以饱待饥，此治力者也。无邀正正之旗，勿击堂堂之陈，此治变者也。

——《孙子兵法·军争篇》

打仗定要打击敌军士气，打垮敌军统帅的决心与信心。军队的规律是，刚开战士气高涨，过段时间士气就懈怠，最后士气就衰竭了。因此：

1. 避开敌军锐气，待其士气懈怠衰竭时猛攻，这是掌握军队士气的方法。

2. 以己严阵待敌之混乱，以己宁静对敌之浮躁，这是对待敌军心理的方法。

3. 从近处迎击长途之敌，休整对疲劳之敌，吃饱对饥渴之敌，这是掌握战斗力的方法。

4. 不贸然出击旗帜整齐的敌军，不贸然进攻阵容强大的敌军，这就是灵活变通的原则。

把这段论述分成四个方面来理解，分别为：治气、治心、治力、治变。

孙子不仅懂心理学，更会利用心理学。两军交战，对敌我双方的心理能如此清晰地洞察与谋划，岂有不胜之理！

说孙子是心理专家，当之无愧！

三、孙子是位战略专家

作为一名统帅，首先要解决的一定是战略的问题。

战略看起来是一个很大的概念，似乎难以说清楚。但凡说不清楚的就一定是个无效或者低效的战略。

在商业经营上也有对战略的理解。说得简单一点，战略就是发现，实现并保持竞争优势！战略一定是研究商业的本质、规律、趋势的，是对外部环境的把握，对内部环境的调整，并使之实现匹配与统一。比如要制定企业战略，首先要了解国际国内形势、洞察产业结构、分析行业趋势，才能制定出有效的企业战略，不考虑外部与内部环境而与时俱进，那不能叫战略，只能叫自娱自乐，坐井观天。

我们再来看一下2500年前的孙子，对战略又有着怎样的理解和阐述。

《孙子兵法》开篇为《始计篇》，“计”就是预计、计算的意思。

孙子通过对外部、内部环境的充分把握，对敌我双方关键的战略要素的比较和和分析，就能预测战争的胜负走向。这就体现出孙子对战略的高度重视，体现了孙子高超的战略性思维、全局性思维。

孙子曰：夫未战而庙算胜者，得算多也；未战而庙算不胜者，得算少也。多算胜，少算不胜，而况于无算乎！吾以此观之，胜负见矣。

——《孙子兵法·始计篇》

胜利发生在战争以前！

胜利发生在战争以外！

战争未打，胜负已分！

孙子的军事战略思想就像一把尺子，能预测出战争的胜负走向，而这种预测并非“取于鬼神”、“象于事”和“验于度”，而是一种理性客观的判断！怎么判断呢？从哪些方面判断呢？那就是通过“五事”和“七计”来判断。

故经之以五事，校之以计，而索其情。

——《孙子兵法·始计篇》

哪五事呢？分别是：

1．道者，令民与上同意也，故可以与之死，可以与之生，而不畏危也。

道即政治，即人和。只有让民众和政府的意愿和谐一致，才能使他民众为了国家而出生入死，不惧怕任何危险。

2. 天者，阴阳、寒暑、时制也。

天即天时，要上知天文，了解昼夜晴雨、寒冷酷热、四时气候的变化对战争的影响。

3. 地者，远近、险易、广狭、死生也。

地即地利，要了解距离战场的远近，地势是险峻还是平坦、是开阔还是狭窄、是死地还是生地，才能充分利用地形这一“兵之助”。

4. 将者，智、信、仁、勇、严。

将即将帅，要具备智、信、仁、勇、严等五个方面的基本素质，也就是要有人才储备。

5. 法者，曲直、官道、主用也。

法即法制，要不断完善军队体制、编制，加强各级官员的管理，保证军需物资的供给。

凡此五者，将莫不闻，知之者胜，不知者不胜。

——《孙子兵法·始计篇》

天时、地利、人和、人才、管理五者具备，焉有不胜之理？！

这五个方面就是孙子对战略的定义，也是必须高度重视的五个方面，我把它称之为战略五要素。

哪七计呢？分别为：

1. 主孰有道？哪一方政治清明得人心？

2. 将孰有能？哪一方将帅更有能力？

3. 天地孰得？哪一方拥有天时地利？

4. 法令孰行？哪一方法令能贯彻执行？

5. 兵众孰强？哪一方武器装备精良？

6. 士卒孰练？哪一方士兵训练有素？

7. 赏罚孰明？哪一方赏罚公正严明？

吾以此知胜负矣！

——《孙子兵法·始计篇》

通过以上这些战略要素的比较和分析，就能预测战争的胜负。

五事七计，多么精彩的分析，多么精辟的总结，多么经典的智慧，所以称孙子为战略专家一点也不为过！

细细体会孙子的五事七计，我们会发现，对任何组织都有着积极的指导意义。

比如对企业来说：

主孰有道——对应的是组织共识系统；

将孰有能——对应的是核心干部系统；

天地孰得——对应的是资源整合系统；

法令孰行——对应的是管理制度系统；

兵众孰强——对应的是技术设备系统；

士卒孰练——对应的是人才培育系统；

赏罚孰明——对应的是绩效考核系统。

而企业的战略，其外在体现也可以用四个字来阐述：高、大、全、简。

高——视野高，高瞻远瞩；

大——大方向，符合时代发展趋势；

全——全局；

简——简单明了。

若战略不能体现这四个方面的要求，就不能称之为战略。

中国人都知道闭门造车的故事，来看个现实版的。19世纪在英国有两家马车公司，一家公司以制造全世界最好的马车为战略，而另一家公司以制造全世界最好的交通工具为战略，结果在30年后，第一家公司勉强生存，而另一家以生产制造汽车而闻名世界。

这就是方向的问题，也属于战略的问题。

四、孙子是位管理专家

无论战略多么正确，战术多么高明，要想取得最终的胜利，一定需要一支拖不垮、打不烂、战斗力强悍的军队。但凡有所成就的军事将领都具备一种智慧与魅力，能打造出一支军纪严明、懂得服从、强于执行的军队。

现在的年轻人在团队执行中很喜欢说一句："不怕神一样的对手，就怕驴一样的队友。"这是对有效管理的一种召唤，对优秀团队的一种召唤。

那么对军队的管理也就成了重中之重。

关于管理，孙子有着较多的理解和论述，在此略举几段与读者朋友分享，更多的内涵在本书会有论述，希望读者朋友能捧起《孙子兵法》，常读、精读，真正的经典一定是可以常读常新的。

视卒如婴儿，故可与之赴深谿；视卒如爱子，故可与之俱死。

——《孙子兵法·地形篇》

孙子认为，把士兵当成婴儿一样看待，呵护他们，他们会愿意跟你一起赴汤蹈火；把士兵当成自己的孩子看，关爱他们，他们会愿意跟你一起同生共死。

要带兵先爱兵，曾国藩也有类似的观点，士兵可打，如父打子；士兵可骂，如兄骂弟。

爱兵当然是必要的，但盲目地溺爱就会出现问题，孙子接着论述：

厚而不能使，爱而不能令，乱而不能治，譬若骄子，不可用也。

——《孙子兵法·地形篇》

厚养士卒而不使用，宠爱士卒而不教育，违法乱纪而不惩治，士卒就像是被娇惯的孩子，这样的军队是不能用来打仗的。

爱下属都会，骂下属也都会，但两者如何拿捏、相得益彰就是管理者的智慧和能力了。

这段论述，笔者感受颇深。

在多年的授课中，我发现企业领导有许多类型：有情绪失控喜欢骂人型的，这种领导风格下的下属，要经历四个阶段，即第一阶段——刚进公司时极度恐惧；很快会到第二阶段——焦虑无助；第三阶段——在不断被骂中“锻炼”成麻木不仁；第四阶段——最终修炼到最高境界，那就是破罐子破摔，“爱咋咋地”。

也有溺爱型领导，不打不骂不罚，这种领导风格下的下属，也容易经历四个阶段：第一阶段——轻松自在，由于没有压力没有犯错成本，容易到第二个阶段——责任缺失，长此以往就会发展到第三阶段——能力下降，人才的毛病大多是养出来的，最后就容易发展到第四阶段——效率低下。

在沈阳的一次授课中，当时邀请我的是一位女企业家，课后全体员工一起用餐，现场氛围令人感动，非常和谐，上下级之间、同事之间相互夹菜、端汤、盛饭、倒酒。这位女企业家以渴望得到认可的眼神看着我说：“赵老师，我的理念是打造像家人一样的企业。”

由于现场人多，我也不便多说。但事实是这家公司三年时间都处于不盈利状态，营销指标年年定，却多没有完成。

这就是孙子所讲的“譬若骄子，不可用也”。

管理绝对不是无原则地搞一团和气。

那应该怎么办呢？怎么拿捏呢？孙子还有相关一些论述。

卒未亲附而罚之则不服，不服则难用也。卒已亲附而罚不行，则不可用也。故令之以文，齐之以武，是谓必取。

——《孙子兵法·行军篇》

下属还没有亲近依附就惩罚，便会不服，不服就难以使用，如果已经亲近依附，各项制度又贯彻执行不下去，这样的军队也是不能用来打仗的。因此，要用教育、安抚、感化、奖赏等“文”的手段笼络人心，提高其思想觉悟；用纪律、约束、惩罚等“武”的方法来规范士兵的行为，使其严格服从命令，统一步调。

这是孙子提出的重要治军思想，即采取恩威并施的手段治理军队。

令素行以教其民，则民服；令素不行以教其民，则民不服。令素行者，与众相得也。

——《孙子兵法·行军篇》

这段文字中，笔者认为最重要的一个字，就是这个“素”字了，何意呢？就是平素、平常之意。法令在平时就不折不扣地执行下去，服从就会形成一种习惯，变为一种惯性。若法令在平时朝令夕改，时紧时松，不够严格，下属就难以服从。法令如山，一如既往，领导与下属就能相处融洽，减少矛盾和冲突。

无论是爱兵还是骂兵，这些形式都是个人行为，都是个人的性格与情绪，属于人治的范畴。而最终孙子引出了法治的思想，通过两者的结合，让军队士兵在思想情感上具有归属感，在行为上具有约束力，这就是管理智慧。

通过管理要达到什么样的程度呢？孙子认为最好的军队应该是怎么样的呢？军队最高的境界又是什么呢？孙子通过一个比喻作了形象而生动的描述：

故善用兵者，譬如率然；率然者，常山之蛇也。击其首则尾至，击其尾则首至，击其中则首尾俱至。敢问：“兵可使如率然乎？”曰：“可。”

——《孙子兵法·九地篇》

善用兵者，将让军队统一灵活得如同率然，率然是常山（即恒山）上的一种蛇。攻击它的头，则尾巴来帮助；攻击它的尾巴，则头来帮助；攻击它的腰身，头与尾一起来帮助。试问：“军队可以像率然一样吗？”回答是：“可以！”

一个比喻道出了部队的统一性、协调性，形象生动，亦入木三分。

孙子还有补充：

齐勇若一，政之道也；刚柔皆得，地之理也。故善用兵者，携手若使一人，不得已也。

——《孙子兵法·九地篇》

齐心协力，奋勇战斗如同一人；较强较弱的士兵都能发挥作用，人尽其才；全军上下团结如同一人！这就是管理的价值，这就是管理的伟大。

能做到这一点，孙子难道不是一个伟大的管理专家吗？

如何学习和应用《孙子兵法》

对于《孙子兵法》的学习和运用，北宋武学博士何去非在其所著的《何博士备论》一书中有精彩论述。

他认为，“不以法为守”，就是我们在学习《孙子兵法》时不能死记硬背，死守教条，“而以法为用”，要把《孙子兵法》的原则、灵魂、核心加以灵活运用，才能“缘法而生法”，只有与时俱进，才能对《孙子兵法》的研究衍生出新的观点和高明的看法，看似“离法而会法”，表面上看似背离了《孙子兵法》的原则，实际上其精神是相统一的。

我们之所以要学习《孙子兵法》，是因为孙子的许多辩证思维、战略思维和竞争思维，能够超越时空，是中华传统文化的精华，这对我们做任何事情都是有用的。只有这样，我们才能透过现象看本质，扬长避短，《孙子兵法》才能被灵活运用。

《孙子兵法》终生传播者　赵常乐

2016年9月于北京将者会馆

目录

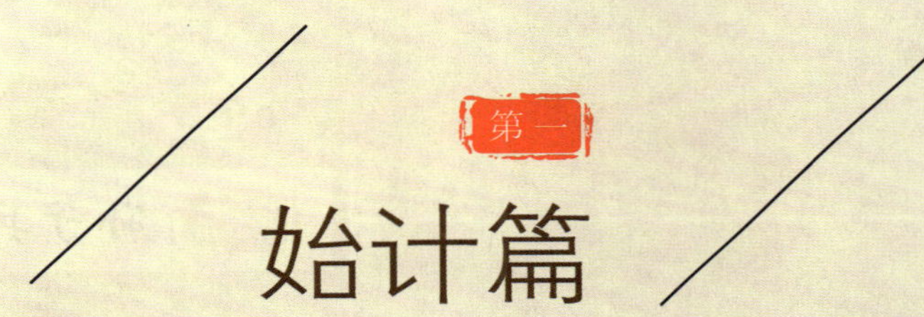

第一 始计篇

《始计篇》是《孙子兵法》的开篇，也是《孙子兵法》的核心所在，是总揽全书的大纲。“计”是指计算、筹划的意思，就是庙算。

本篇重点论述了孙子对战争的基本看法以及庙算的重要意义，指出“道、天、地、将、法”是决定战争胜负走向的基本条件，以及如何在此基础上充分发挥主观能动性，积极创造有利态势，把握战争主动权，“攻其不备，出其不意”，从而赢得战争的胜利。

图说 孙子兵法

孙子曰：兵者，国之大事[1]，死生之地，存亡之道[2]，不可不察[3]也。

通说

1 **兵者，国之大事：**战争是国家的大事。兵，本意是指“兵器”，这里可以引申为战争。国之大事，在古代，国家的大事有两件，即“祀与戎”。祀就是祭祀，君主在重要节日或重大活动中祭天、祭地、祭祖宗。戎即战争，防止外族入侵或发动对外战争，开疆拓土。

2 **死生之地，存亡之道：**战争是敌我双方决定士兵生死的场所，是决定国家存亡的途径。

3 **不可不察：**不可不对战争的规律进行谨慎地研究和考察。察，即考察、研究。

孙子在这里把战争问题提高到了事关生死存亡的国家战略高度，警告用兵者要谨慎对待战争，认真研究战争的规律，也隐含了要认真研究兵法的意思，显示了作者强烈的责任感和使命感。

故经之以五事[1]，校之以计而索其情[2]：一曰道，二曰天，三曰地，四曰将，五曰法[3]。

道者，令民与上同意也[4]，故可以与之死，可以与之生，而不畏危[5]。天者，阴阳、寒暑、时制也[6]。地者，远近、险易、广狭、死生也[7]。将者，智、信、仁、勇、严也[8]。法者，曲制、官道、主用也[9]。

凡此五者，将莫不闻[10]，知之者胜，不知者不胜[11]。

通说

1 经之以五事： 因此要从五个方面去研究和分析。经，古代指织布机上的纵线，引申为纲领度量或衡量的意思。

五事，即后文的“道、天、地、将、法”，是决定战争胜负走向的重要因素，也是战争筹划的基本出发点。

图说 孙子兵法 TUSHUO SUNZIBINGFA

2 校之以计而索其情：比较敌我双方具备的各种条件，探求敌我双方的实际情况。校（jiào），比较。计，古代指筹码，引申为分析的意思。后文所说的七计，即对敌我双方七个战略要素的比较和分析。索，探求。经、校、索是一个完整的科学的推理过程。

3 一曰道，二曰天，三曰地，四曰将，五曰法：一是政治，二是天时，三是地利，四是将帅，五是法制。

4 道者，令民与上同意也：所谓政治，就是让民众和君主的意愿统一。上，指君主，国家的统治者；民，老百姓。

5 可以与之死，可以与之生，而不畏危：士卒在打仗时愿意为国家而战，为君王而死，而不怕流血牺牲。危，危险。

孙子认为，“道”就是政治，就是道义，就是民心，都是预测战争胜负结果的重要因素。

什么叫政治？即君主的治国之道，强调的是君主治理国家的能力，强调政府与人民之间的关系。上下关系和谐，社会安定，经济发展，实力强大。反之，如果上下关系不和谐，社会就会动荡，经济发展就会停滞，实力就会下降。

什么是民心？就是老百姓的意愿、需求、想法。符合老百姓的意愿、需求、想法，就会得到老百姓的支持；反之，就不会得到老百姓的支持。得民心者得天下，失民心者失天下，这就是民心向背的结果。

什么是道义？战争还有正义与非正义的分别，正义的战争能激发老百姓的爱国情感，得到老百姓的充分支持，穷兵黩武则不然。这是从战争的性质角度而言，但也是民心所系。

孔子说：“名不正则言不顺，言不顺则事不成。”说的也是“道”。

战争还要师出有名。

战争是打还是不打，能赢还是会输，就看它是否符合“道”的要求。如果符合“道”的要求，顺天意随民心，君与民才能同仇、同心、同欲、同意。同方能统，统一指挥，统一行动，使三军如使一人，试问天下谁能敌？

“道”强调的是“人和”的重要性，就是要多交朋友，少树敌人。

臣民们，愿意随本王
讨伐越国吗？
愿意！愿意！

6 天者，阴阳、寒暑、时制也： 所谓天时，是指昼夜、晴雨、寒暑、四季的变化。阴阳，昼夜、阴晴等自然现象。时制，季节的更替。

天时可以理解为顺天应时。有两层意思，首先是顺天，即战争受自然条件的制约，与今天所说的军事气象学有着密切的关系，自然条件对战争的影响很大。古人说，冬不征北，夏不征南。春天要忙于耕种，夏天多雨，冬天寒冷，都不利于用兵。最好是秋季，天气凉爽，收获了庄稼，增强了实力，此时出征最合适。作为将军，不仅要懂天时的自然规律，更要会利用天时的自然规律，趋利避害，化害为利。

除了天时对战争的影响以外，我认为天时还有另外一层意思，那就是用兵打仗要顺天应时，把握发动战争的时机。比如敌国上层发生内乱，政局不稳；敌国流行瘟疫，人心慌乱；敌国对外发生战争，国内空虚；敌国干旱少雨，庄稼歉收，实力下降，等等，都是发动对敌战争的最好时机。

7 地者，远近、险易、广狭、死生也：所谓地利，指路途远近、险隘平坦、高陵洼地、进可攻退可守等军事作战的地形条件。远近、险易、广狭，指地形的三个维度：远近是指距离战场的远近，险易指地形的高下及坡度，广狭是指地形的宽窄，也指战场的容量。险，险阻难行之地。易，平坦易行之地。死生，死地和生地，有利于我则生，不利于我则死。是否能够占据有利地形，关乎胜败，关乎生死。

这里的地，指特定的战场空间。特定的战场空间跟兵力投放的容量有关：人多了，运转不开，发挥不了战斗力，人少了，兵力不足，也会打败仗；跟如何排兵布阵有关：只有充分了解特定的战场空间，何处可以伏击，何处是争夺的要地，何处需要重兵坚守，等等，才能做到心中有数；跟如何充分利用有利地形有关：古代战争一般都是在陆地展开，后来才发展到水战以及今天的空战，所以战争双方脱离不了“地形”的制约，地形有利则可以不战而胜，地形不利则可能全军覆没，这就要求领兵打仗的将帅要非常熟悉地形，并且充分利用有利地形，才能打胜仗。

孟子说，天时不如地利，地利不如人和。

用兵打仗，最好是“天时、地利、人和”三者具备，才能出兵。

8 将者，智、信、仁、勇、严也：所谓将帅，必须具备智、信、仁、勇、严等五个方面的综合素质。智，即智谋，韬略，有智谋方能灵活多变，出奇制胜；信，即诚实守信，令出必行，赏罚有信；仁，即关爱士卒，能与士卒同甘苦，士卒才能与将共生死；勇，即勇敢果断，身先士卒，能带头冲锋陷阵；严，即军纪严明，态度严肃，要求严格，才能建立威信和威严，让士卒遵从号令。

此即孙子所谓的“为将五德”，是对将帅的基本素质要求。

孙子本身就曾是吴国战功卓著的领兵将帅，基于此，他对将帅的要求绝不止“智、信、仁、勇、严”等素质方面的要求，尤其是思想境界和道德品质方面，后文还有更多更高的要求，如：无智名，无勇功；进不求名，退不避罪，即林则徐所说的“苟利国家生死以，岂因祸福避趋之”。

凡事都要把握一个度，过犹不及，这五个字也不例外，不可偏执。十一家注者贾林认为，专任智则贼，太多的小聪明则流于下乘，成不了名将；偏施仁则懦，妇人之仁不是真正的仁，提高士兵战斗力，即战场生存能力，减少士兵的伤亡，才是最大的仁。另外，如果总是小恩小惠，一味施仁，形成习惯，一旦没有了小恩小惠，谁也不听你的；固守信则迂愚，对敌对我、对人对事要分清，如果不知变通则愚不可及；恃勇力则暴，战争不是杀人越多越好，诸葛亮七擒孟获，永固南疆，表明收服人心最重要；令过严则残，法理之外还有人情，严刑峻法除了让人生畏，还会生恨，如果忽视这一点，最终会导致离心离德，分崩离析。

千军易得，一将难求。作为将帅，乃国之辅也（国君的左膀右臂，重要的辅佐之臣），要对士兵的生死负责，对国家的前途负责，重担在肩，责任重大，所以将帅必须智勇双全，德才兼备，素质全面：智以生谋，信以赏罚，仁以服众，勇以果敢，严以立威。五德具备，方可为将。

9 法者，曲制、官道、主用也：所谓法令，就是军队的组织编制、将吏的职责划分和后勤保障等法令制度。曲制，指组织编制；官道，指将吏的职责划分；主用，指后勤供应和保障。

有军队自然有军法。这么多人集中在一起，没有规矩，岂不乱套？军法起码要管三件事：首先是把人动员召集起来形成军队；其次是把人按一定的编制组织，加以严格训练，形成战斗力；最后是实战，如何调配兵力，如何赏罚，如何资源保障，这些都与军法有关。

我们都知道，打仗从某种程度上讲就是打钱粮。任何一支军队，要想打胜仗，都必须要有充足的后勤保障，也就是经济实力，没有强大的经济实力做后盾，则不能言兵事。

经济实力是决定战争的根本要素，如此重要，孙子为什么避而不谈？笔者认为，这不是孙子的忽略，孙子所谓的“法”，即军队的组织编制、各级军官的职责划分和后勤保障等制度。军队的后勤保障和经济有关，含有经济实力的因素。

军法涵盖的范围很宽泛，军法的意义就在于能有效地管理军队，使战争机器有效运转。

10 凡此五者，将莫不闻：这五个方面的情况，作为统兵将帅，一定要深刻了解和把握。五者，指的是“道、天、地、将、法”。闻，了解，知道。

11 知之者胜，不知者不胜：能够充分了解这些情况的将帅就能打胜仗，否则必将遭到失败。

“道、天、地、将、法”即《孙子兵法》重点论述的“兵者五事”，是决定战争胜负的关键因素，也是筹划战争的基本出发点。“道、天、地”指人和、天时与地利。用兵之道，人和为本，得天时与地利相助，三者具备，方可举兵；用兵打仗，民之生死，国之存亡皆系将领于一身，所以必须选择有才能的将领来指挥；军队打仗，必须有合理的组织编制和各级军官的职责划分，更要有充分的后勤保障，否则再有才能的将领也难为无米之炊。

“五事”是己所具备的客观条件，是将帅用兵作战的物质基础，光具备客观条件还不行。孙子对将帅还强调一个“知”字，即战略战术的执行能力，还要看将帅的主观指挥才能，只有将帅指挥到位，主客观因素有利结合，才是战争胜利的保证。

故校之以计而索其情[1]，曰：主孰有道[2]？将孰有能[3]？天地孰得[4]？法令孰行[5]？兵众孰强[6]？士卒孰练[7]？赏罚孰明[8]？吾以此知胜负矣[9]。

通说

1 校之以计而索其情：这句话再次出现，起到承上启下的作用，承接上文的“五事”，开启下文的“七计”，即从七个方面对敌我双方进行详细的战略比较——主孰有道？将孰有能？天地孰得？法令孰行？兵众孰强？士卒孰练？赏罚孰明？

2 主孰有道：哪一方的政治更开明。主，国君，国家的统治者。孰，战争有敌、我两方之分，“孰”指敌、我的“哪一方”。

约法三章
杀人者死，
伤人及盗抵罪。
大王有道，
乃百姓之福啊！

3 将孰有能： 哪一方的将帅更有才能。能，才能。将帅的才能主要包括军队管理才能和指挥作战的才能。

4 **天地孰得**：哪一方拥有天时和地利。得，得到，占据。

5

法令孰行：哪一方的制度、法令能够更加切实地贯彻执行。行，执行，施行。令不能行，禁不能止的军队就是一群乌合之众，散兵游勇，不能形成有效的战斗力。

9 **兵众孰强：**哪一方的兵众更强大。兵，武器装备。众，兵员的多寡。

7

士卒孰练：哪一方的士兵更加训练有素。练，训练。士兵的战斗力，包括勇怯、强弱、作战技巧和作战方法等，不但来自遵守严格的法令制度，还来自于平时严酷的训练。士兵只有平时多训练，战时才能少流血。

8 赏罚孰明：哪一方的赏罚更公正透明。明，透明。所谓明，强调赏罚要公平，公正，公开，能做到赏不避仇，罚不避亲。

图说 孙子兵法 TUSHUO SUNZIBINGFA

9 吾以此知胜负矣： 通过对以上敌我七个方面的比较和分析，就可以判断谁胜谁败了。这七个方面即七计，是衡量敌我虚实的战略要素。这七个战略要素既包括敌，也包括我，既有内部因素，也有外部因素，既有人的因素，也有物的因素，非常全面。

“经”、“校”、“索”是战争胜负结果走向以及战争决策的完整逻辑推理过程，具有相当科学的理论指导价值，直到今天，仍然是研究战争问题的重要方法。

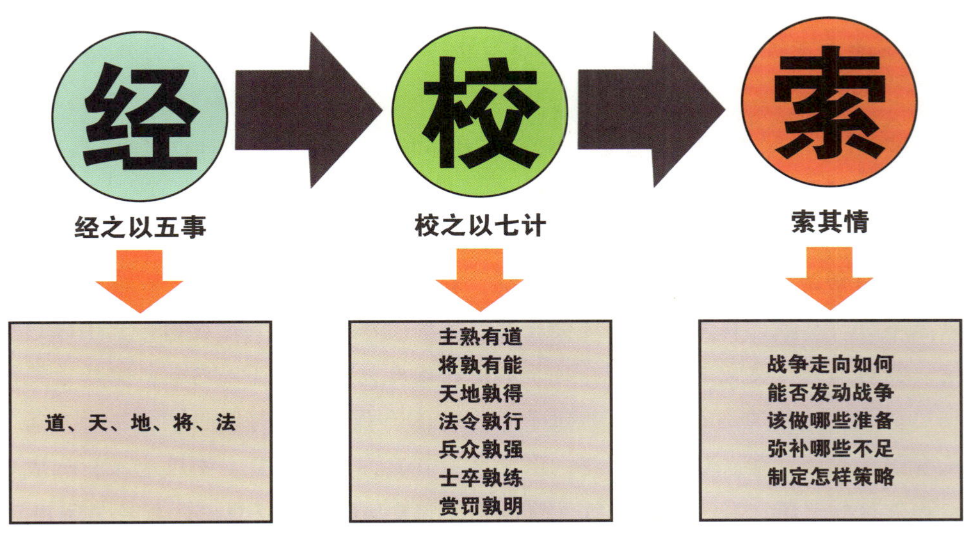

战争决策的逻辑推理过程

“五事七计”就是通常所说的战略要素，是研究战争的具体内容和重要任务，是战争决策的基本依据，相当全面。既包括内部因素，也包括外部因素；既包括人的因素，也包括物的因素；把握全局，层次清晰，简明扼要，容易量化，是一套科学的战争决策模式。如下表：

战争决策表

五事	七 计	比较结果	
		我	敌
道	主孰有道？	优□劣□	优□劣□
天 地	天地孰得？	优□劣□	优□劣□
将	将孰有能？	优□劣□	优□劣□
法	法令孰行？	优□劣□	优□劣□
	兵众孰强？	优□劣□	优□劣□
	士卒孰练？	优□劣□	优□劣□
	赏罚孰明？	优□劣□	优□劣□

“七计”俱优，则未战先胜；“七计”俱劣，则未战先败，故胜负可以预知。

将听吾计，用之必胜，留之[1]；将不听吾计，用之必败，去之[2]。计利以听[3]，乃为之势，以佐其外[4]。势者，因利而制权也[5]。

通说

1 **将听吾计，用之必胜，留之：** 对于那些能坚决贯彻执行主帅计谋的将士，用他们去带兵打仗，就一定能取得胜利，因此一定要把他们留下来任用。将，这里的将不是指统帅，而是指统帅以下的中下级军官，即副将，裨将。听，听从，服从，即对主帅战略战术的贯彻执行。

2 **将不听吾计，用之必败，去之：** 对于那些不能贯彻执行主帅计谋的将士，用他们去带兵打仗，必然会招致失败，因此打发他们走人。

对于这句话，还有另外一种理解。

有人认为这句话是孙子对吴王说的。孙子说，如果你能听从我的谋划，就能打胜仗，我就留下来；如果不肯听从我的谋划，就一定会失败，我就走人。“将”是虚词，表示假想中可能发生的事情。据司马迁《史记》所记载：孙子本是齐国人，因牵涉齐国内乱，隐居于吴国，埋头著书，期间认识了从楚国逃亡到吴国的伍子胥。经伍子胥力荐，得以携“兵法十三篇”觐见吴王，吴王赏识其军事才能，遂拜其为将，以区区三万兵，西破强楚，南服越人，北威齐晋，显明诸侯。如果这样理解，孙子对吴王所说的话就含有要挟的意思，想以此激吴王留用。

我的理解趋向前一种理解。

《孙子兵法》开篇探讨的重点是战争的筹划、决策问题，不大可能突然转到孙子本人的去留问题。

在“五事”中我们说过，用兵之道，人和为本，得天时与地利相助，三者具备，方可举兵，举兵必须拜将授命，选派各级将官。那么，计谋的听与不听，则属于这个环节。

孙子想要强调的是将的服从以及执行能力的重要性。

将知不知是一回事，听不听又是另外一回事。在家里谋划得再周全，到了战场，不听也是枉然，这就涉及到严格服从和执行能力的问题。

毛主席曾经说过：“战略决定以后，干部是唯一的决定因素。”

主帅的战略意图能否顺利实现，完全取决于中下级军官的执行能力，首先取决于中下级军官是否服从指挥，按计划执行，然后是执行能否彻底。如果不服从指挥，或者执行不彻底，则主帅的战略意图就会打折扣，甚至根本不能实现。

3 **计利以听：** 计，分析；利，优势；听，采纳。这句话是总结上文，指通过对“五事七计”的分析和比较，得出了有利于我方的结论之后还必须能够被采纳，按计划实施才行。

4 **乃为之势，以佐其外：** 然后造成有利的军事态势，作为外在的辅助条件。

5 势者，因利而制权也：所谓态势，就是凭借有利于己的条件，采取灵活机动的应变措施，掌握战场的主动权。利，有利的时机或因素。权，即权衡。指在瞬息万变的战争中抓住战争的主动权。

孙子认为，要发动战争，首先是计于庙堂，然后才是作战于国外。计划得再周密，如果执行不到位，同样会功败垂成。强调各级将领的执行力对于胜败的重要性。

同时，孙子强调，军队一旦在国外投入实际战斗，仅仅通过计算上的优势还不够，还要通过兵力的分配和部署来营造有利的战争态势。比如可以联合其他诸侯国，使敌处于两面夹击之势，或者破坏敌国的联盟，迫使其按兵不动，另外就是在实际作战中如何根据敌情的不断变化而采取相应的措施，这些都是有利于我方的战争态势。

兵者，诡道也[1]。故能而示之不能[2]，用而示之不用[3]，近而示之远[4]，远而示之近[5]；利而诱之[6]，乱而取之[7]，实而备之[8]，强而避之[9]，怒而挠之[10]，卑而骄之[11]，佚而劳之[12]，亲而离之[13]。攻其无备，出其不意[14]。此兵家之胜，不可先传也[15]。

通说

1 兵者，诡道也： 用兵作战是一种诡诈之术。诡，虚假，欺骗。道，途径，方法。孙子的“兵者诡道”思想揭示了战争的本质和指导原则。所谓诡道，笔者认为，不能简单从字面上理解为单纯的坑蒙拐骗。“诡道”应该属于智的范畴，这也符合孙子极力所提倡的上兵伐谋、以智克力的战争思想和原则。他不主张仅凭蛮力取胜，敌我双方刀枪相接，以命相搏，即使“百战百胜，非善之善者也；不战而屈人之兵，善之善者也”。对将的素质要求也是如此，智、信、仁、勇、严，智排第一。

在战场上，敌我双方不仅要比拼武力，比拼意志，更要比拼智慧。诡道的核心原则是“出其不意，攻其不备”。谁智高一筹，谁就能在战场上掌握主动权。

2 能而示之不能： 能战假装不能战。示，展示，伪装。强示之弱，勇示之怯，隐藏自己的真实意图。

3 用而示之不用： 要打却装作不想打。让敌人不知战日，不知战地，充分掌握战争主动权。

图说 孙子兵法 TUSHUO SUNZIBINGFA

4 **近而示之远：**明明要攻打近处，却装作攻打远处。声东击西，指南打北，出其不意才能攻其不备。

你们俩率主力正面佯攻，吸引敌人的注意力，本将亲自带人去偷袭敌军的粮草仓库。
5 远而示之近：实际想要远袭，却装作攻打近处。

6

利而诱之：用小利去引诱敌人上当。利，利益。或诱之以物质金钱，或诱之以饵兵，对于贪利的敌人则很难不上当。

7 乱而取之： 迫使敌人混乱，趁机攻取。制造混乱有很多办法，比如利用间谍，放火烧营，里应外合；比如混进敌营，谣言蛊惑则军心乱；比如断敌粮道，军无粮则自乱，等等。

8 实而备之： 敌人力量充实，就注意防备。实，力量充实，指敌方。备，防备，准备，指我方。“实”和“虚”相对，敌人“实”就“备”而待其“虚”或使其“虚”。

9 强而避之： 敌人强大，就暂时避开。强，兵力强大或士气高昂，指敌方。避，避开，指我方。“强”和“弱”相对，敌人“强”就待其“弱”或使其“弱”。只要方法到位，虚和实、强和弱是可以相互转化的。

10 怒而挠之： 不断挑逗敌人使其暴怒烦躁。挠，挑逗。冲动是魔鬼，人在暴怒烦躁的情绪中极易做出不理性的行为。作为将帅，要避免性格和心理上的这些缺陷，孙子在后文将有详细论述。

图说
孙子兵法
TUSHUO SUNZIBINGFA

11 **卑而骄之：**谦卑示弱，使敌人骄傲。敌人一旦骄傲就容易轻敌冒进，骄兵必败！这也属于将帅的性格和心理缺陷。

12 佚而劳之：敌人安逸就不断调动他，使其疲劳。佚，通"逸"，即安逸，安稳。派小股部队日夜不停地骚扰敌人，使之不得休息，敌人自然疲惫不堪，习以为常后就会放松戒备。

小样儿，
累不死你！

哈哈，上当了！

我手上这封信，就是你通敌的证据，你还有什么话说？

冤枉！

13 **亲而离之：**敌人内部和睦就设法离间。亲，和睦。离，离间。堡垒最容易从内部攻破。离间之计，是摧毁“人和”的好办法。

以上就是孙子著名的诡道十二法。强调要用各种方式迷惑敌人、欺骗敌人、调动敌人、分化敌人，使敌人产生错误判断，导致错误的行动，从而暴露弱点，让我方有机可乘，达到“攻其无备，出其不意”的目的和效果。

14 **攻其无备，出其不意：**在敌人没有防备处发动进攻，在敌人意料不到的地方采取行动。这是一条非常重要的军事原则。在敌人想不到的地点和时间去攻击，才能以最小的代价换取最大胜利。

15 **此兵家之胜，不可先传也：**以上这些克敌制胜的计谋方法（诡道十二法），都是军事指挥艺术的奥妙所在，是不可预先就能知道和传授的。所谓兵法，军事实力是基础（五事七计），用各种方式创造有利的进攻态势是辅助手段（诡道十二法），都是为胜利的目的来服务。

以上内容是孙子著名的诡道十二法。前四法实质就是“示形”误敌，伪装自己的真实意图，通过制造种种欺骗性假象让敌人做出错误判断错误行为，导致错误行动，从而有机可乘。后八法类似抗战时期的游击战法，敌进我退，敌退我追，敌驻我扰，敌疲我打。总之一句话，不按套路出牌，让敌人处处被动，防不胜防。

诡道十二法的核心思想是“攻其无备，出其不意”。怎样让敌人防备不足或者意料不到，这就需要智慧，需要比敌人多几个心眼儿，需要伪装，用假象去迷惑敌人，需要对随时变化的敌情做准确的判断，需要更高的决断能力。

所谓兵法，是指用兵打仗的一些原则、方法和技巧，属于纸上谈兵的范畴。一旦双方进入实战，作为临敌指挥的将领，在牢记战略企图的前提下，不能拘泥于这些原则、方法和技巧。因为战场瞬息万变，战机稍纵即逝，一切只能靠临场发挥，随机应变。随机应变的东西只能是“运用之妙，存乎一心”，因此无法事先传授。

孙子认为，用兵之道，军事实力是基础（五事七计），用各种方式创造有利的进攻态势是辅助手段（诡道十二法），都是为胜利的目的来服务。

孙子提出“兵者诡道”的思想，有人据此认为孙子崇尚诡诈，《孙子兵法》讲的就是诡诈之术，思想境界高不到哪里去。其实这是对孙子的一种严重误读。孙子开头就讲“五事七计”是战争胜负之本，知者必胜，不知者必败，来不得半点虚假。讲将帅素质时必须具备“智、信、仁、勇、严”五德，也没有半点诡诈的意思。孙子讲的诡诈更多是针对接敌交锋时战术的应用，即后文的奇正之变，虚实之变，因敌而变，更多是属于“智”的范畴。所以我们在解读时不能舍本逐末，甚至本末倒置。

夫未战而庙算胜者，得算多也[1]；未战而庙算不胜者，得算少也[2]。多算胜，少算不胜，而况于无算乎[3]！吾以此观之，胜负见矣[4]。

通说

1 **未战而庙算胜者，得算多也：**在开战之前就预料能够取胜的，是因为筹划周密，取胜条件充分。庙算，古代君王在兴师拜将之前，召集大臣在祖庙祭祀祖先，占卜战争吉凶，商议战争计划、分析战争进程、制定宏观战略方针的秘密军事会议叫庙算。这里指在战争之前的计算和筹划，表现为胜负结果的算筹的多少。通过对“五事七计”的分析和比较，双方的优势和劣势则一目了然，胜负的预测结果也就一目了然。

2 **未战而庙算不胜者，得算少也：**在开战之前就预料不能取胜的，是因为筹划不周，具备取胜的条件不充分。

3 **多算胜，少算不胜，而况于无算乎：**如果筹划周密，条件充分，则取胜的把握就大。如果筹划不周，条件不充分，就可能导致失败。如果不做筹划，一点条件也不具备，则根本就没有取胜的可能！

4 吾以此观之，胜负见矣：根据这些因素（五事七计）来观察分析战争，胜败的结果就很清楚了。

“庙算”就是计于庙堂，谋定后动。

从夏朝开始，国家每遇战事，君臣便在庙堂焚香祈祷，占卜吉凶，这是“庙算”的原始形态。

到春秋时期，兵家把“庙算”作为战略概念使用的时候，已经没有丝毫的香火气息了。

“庙算”只存在古老的形式，实际上已成为在庙堂召开“作战会议”、研究克敌制胜方略的代名词了，完成了对“庙算”的理论升华。

孙子总结全篇内容，用“庙算”的概念强调战争之前要认真筹划的重要性。战争人命关天，绝非儿戏，不打无准备之仗，不打无把握之仗，只有认真筹划了，准备充分了，条件具备了，才可以发动战争，这就是孙子所谓的“知胜”。当然，“知胜”还仅局限于庙堂的计算胜利，最终能否实现战略意图，还需要敌我双方在战场上较量之后才见分晓。知行合一，才是最终的胜利。

第二

作战篇

作，准备。作战，这里不是指通常意义上的敌我双方短兵相接，战阵交锋，而是指战争的物资准备。

孙子从正反两个方面论战争的利与害，提出“因粮于敌”而“胜敌益强”的战略原则和“兵贵速，不贵久”的经典军事理论，从而有效地化战争之害为战争之利，是一篇论述深刻的战争经济学。

图说 孙子兵法

孙子曰：凡用兵之法，驰车千驷[1]，革车千乘[2]，带甲十万[3]，千里馈粮[4]。则内外之费[5]，宾客之用[6]，胶漆之材[7]，车甲之奉[8]，日费千金[9]，然后十万之师举矣[10]。

通说

1 凡用兵之法，驰车千驷： 用兵作战的一般原则是，轻型战车1 000辆。驰车，即轻型战车。驷，四匹马拉一辆轻车，用于冲锋、交战，车上配甲士3人，步卒72人，共计75人。

2 革车千乘：重车1 000辆。革车，即辎重车辆，用于装载粮食、炊具、衣物等物资，由马或牛拉一辆车，每辆车配10个伙夫，5个保管员，5个马夫，5个砍柴、打水做杂活的，共计25人。

3 带甲十万：用甲胄武装起来的士兵10万人。1 000辆轻车和1 000辆革车加起来就是“带甲十万”。古代人口不多，有“千乘之国”一说，即有1 000辆以上的战车，10万以上的武装部队，即为大国象征。

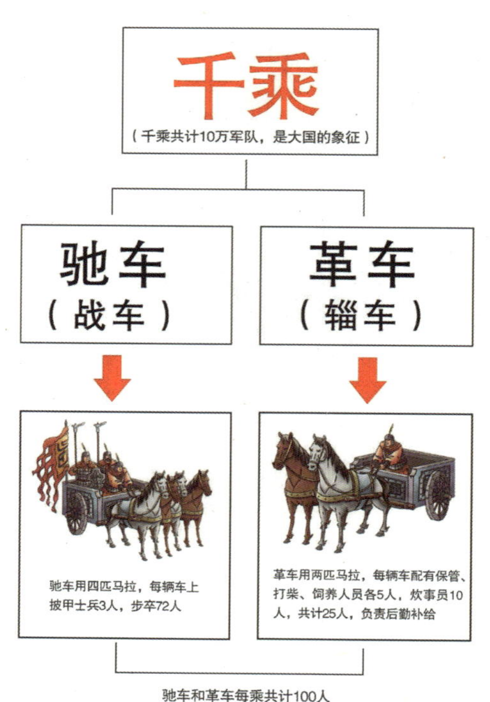

千乘示意图

4 千里馈粮：远征他国，就要远途运输粮草补给。千里，指道路很远。馈，运送。古代道路难行，长途运输，费时费力。运粮的队伍本身也要消耗，赶上天气不好，还有可能造成毁损，有时甚至还有被抢的风险。所以，想运到前方100斤粮食，至少要带好几倍。

5 内外之费：前方和后方的所有开销、支出费用。

6 宾客之用：招待国宾、使节的用度。

7 **胶漆之材：**古代弓箭、甲盾的保养和维修所用的胶和漆。这里泛指制造、维修武器装备所必需的物资。

8 **车甲之奉：**车辆和甲胄的供给和补充。奉，供给。

9 **日费千金：**每天要消耗大量的钱财。金，古代的货币单位，一金为一镒（廿四两）。千金，即千镒，泛指金额巨大。

10 **然后十万之师举矣：**具备上述轻车、重车、甲士、粮秣等各种条件以后，10万大军才能出动。

孙先生，准备战争的要素是什么?

准备战争有三个要素：
第一是金钱！
第二是金钱！
第三还是金钱！
重要的事情说三遍。

战争是政治的延续，与军事有关，更与经济有关，金钱是准备战争的第一要素。要想调集十万大军发动战争，军队的资源保障是关键，这也是战争准备工作的重要内容，同时也是战争所投入的成本所在。

关于发动10万大军出征的成本，孙子给我们列了一个大概的清单，见下表：

战争的成本清单

人力成本		物质成本		时间成本
军人	非军人	内外之费	宾客之用	战争短则数月，长则数年，时间难以准确估计。因此孙子主张出国作战要速战速决，考虑的就是战争对经济的巨大依赖性和破坏作用。但双方一旦开战，能否速战速决，有时并不以人的意志为转移，进攻的一方希望速战速决，以最小成本换取最大收益，但防守的一方希望持久作战，以拖垮对方的后勤保障。
十万之师	不得操事者七十万家（一人从军，七家奉之，负责后勤保障的人员）	10万军队的征兵动员费用、训练费用。 士兵的军饷、甲胄、帐篷、被服、粮草辎重及运输费用。 车辆、牛马、战车、各种兵器打造以及维修保养费用。 间谍的费用。 士兵打了胜仗要犒赏，伤了要救治，死了要抚恤，减员要补充等费用。	孙子说，上兵伐谋，其次伐交。外交是军事手段的延续。这项费用涉及的就是接待和出使他国的外交使节费用。	
平均成本		日费千金		

孙子的这份简单的战争成本清单旨在告诉我们：发动战争，首先要投入巨大成本，其预期收益就是扩大地盘，增加人口，壮大实力，这是在打赢的前提下而言。但如果打败了，投入的成本就打了水漂，甚至要亡国，所以对待战争要慎之又慎，要认真研究战争规律，预期收益才能有保障。

用兵打仗不是一件简单的事情，除了计于庙堂，战于国外，剩下的就是消耗巨大财力，没有强大的国力支撑，根本不能言战。

有人说，《孙子兵法》是写给军人看的，企业家没有必要看，企业家只要看彼得·德鲁克的管理学之书就可以了，其言大谬不然。军人不仅要读兵法，懂兵法，更要懂经济，懂政治，懂外交，甚至懂心理。这一点从《孙子兵法》一书中都可以体现。企业家也一样，不仅要看彼得·德鲁克的管理学，更要读读中国的《孙子兵法》。

国库已经没钱了。
我想静静！也别问我
静静是谁！
给钱！
买马匹！
给钱！
发抚恤！
给钱！
打造武器！
给钱！
发军饷！
给钱！
打造盔甲！

其用战也胜[1]，久则钝兵挫锐[2]，攻城则力屈[3]，久暴师则国用不足[4]。夫钝兵挫锐，屈力殚货[5]，则诸侯乘其弊而起[6]，虽有智者，不能善其后矣[7]。

通说

1 **其用战也胜：**（基于上文中提到的巨大的战争成本）这就要求在用兵作战的时候要速战速决，迅速取得胜利。

2 **久则钝兵挫锐：**如果战争旷日持久，军队的士气就会受挫。钝，不锋利。挫锐，军队的锐气受到挫伤。

图说 孙子兵法 TUSHUO SUNZIBINGFA

3 **攻城则力屈：** 攻城没有力量。屈，短缺。

4 **久暴师则国用不足：** 军队长期在外作战，造成国家财政困难，用经济术语来说，就是资金链断了。暴（pù），暴露。

5 **屈力殚货：** 攻城没有足够的力量，物资耗尽。殚（dān），尽。

6 **则诸侯乘其弊而起：** 这样一来，其他诸侯国就会利用这个弊病趁机起兵进犯我国。弊，弊病，指上文所说的“兵钝、气挫、力尽、财竭”四种“久暴师”导致的后果。

7 **虽有智者，不能善其后矣：** 即使再高明的将帅也无法挽救危局。

战争的消耗与用兵时间有关，时间越久，消耗越大，对经济的破坏作用也越大。长久用兵必然导致一系列不可测的灾难性结果和连锁反应，表现在以下几个方面：

第一，10万大军的物资保障，消耗巨大——日费千金。

第二，由于远输和贵卖导致百姓贫困，国用不足。

第三，战争久拖不决而导致军队疲惫，士气低落。

第四，其他诸侯国就会趁机进犯，难以善后。

基于此，孙子提出了速胜的指导原则。即在最短时间内，速战速决，从而把战争成本降到最低。

故兵闻拙速，未睹巧之久也[1]。**夫兵久而国利者，未之有也**[2]。**故不尽知用兵之害者，则不能尽知用兵之利也**[3]。

通说

1 **兵闻拙速，未睹巧之久也：** 用兵打仗，只听说过有讲究战术简单而追求速胜的，没见过因为卖弄指挥技巧而导致战争久拖不决的。拙，笨拙。巧，巧妙，有卖弄的意思。

2 **夫兵久而国利者，未之有也：** 战争旷日持久而有利于国家的事，从来没有过。战争拖得越久，消耗越大，后果很严重。

3 **故不尽知用兵之害者，则不能尽知用兵之利也：** 所以将帅如果不能详尽地了解用兵的害处，就不能全面地了解用兵的益处。

军人是为战争而生的，好战出自军人天性。中国自古就有“知兵非好战”的训诫。战争的终极目标不是杀人，而是求生存的一种手段，不是时间拖得越久越好，人杀得越多战功就越大，而是以最小的代价获得最大的收益。孙子与那些好战的军人相比，其思想境界立判高下。

战争具有两面性，既有“利”的一面，那就是打赢了，可以扩大地盘，增加人口，壮大实力，也有“害”的一面，即投入成本巨大，如果长期用兵，还会导致各种灾难性后果：军队士气受挫，攻城力屈，国内财政困难，资金链断裂，就会引起国内政治动荡，则周边敌对国家就会趁机进犯，就有亡国的危险。想要避免出现这一连串灾难性后果，解决战争的“利”与“害”之间的矛盾，那就是速胜。尽可能减少投入，降低成本，换取最大收益。

所以，在实际作战中，孙子趋利避害，提倡“拙”和“速”，反对“巧”和“久”，态度鲜明，道理深刻。

善用兵者[1]，役不再籍[2]，粮不三载[3]，取用于国，因粮于敌[4]，故军食可足也[5]。

通说

1 **善用兵者：** 善于用兵的人。

2 **役不再籍：** 兵员不征集两次。役，兵役。再，第二次。籍，户籍。即依照户籍征兵卒。

娘亲，保重！

3 粮不三载： 不多次往前线运输粮秣。“三”不是确数，意思是多次。一般只在随军出征的时候运载一次。前文已经说过，长途运输粮秣费时费力，代价太大。除此以外，如果军队大量买粮或者征粮，还会造成粮食短缺。粮食短缺，价格就会上涨，老百姓就会因高价买粮而陷入贫困。这是谈物价与民生的关系，可见孙子对战争经济学的认识是相当深刻。

4 取用于国，因粮于敌： 远征敌国，军需武器从国内取用，粮秣在敌国当地征发。出征的时候，粮秣只能随军运载一次，进入敌国作战后，如果粮秣不够就在敌国当地征集。因粮于敌，以战养战，能有效解决军队的资源保障后勤。

5 故军食可足也： 这样军队的粮草供给就充足了。

战争好比一个巨大的项目投资，预期收益很明确，但需要投入的成本也非常大：10万大军的后勤保障是个大问题，有可能因此拖垮本国的经济，这是战争“利”与“害”的两面性。如何化害为利？孙子在缩短用兵时间的基础上，进一步提出了“因粮于敌”的解决办法。

国之贫于师者远输，远输则百姓贫[1]；近师者贵卖，贵卖则百姓财竭，财竭则急于丘役[2]。力屈、财殚，中原内虚于家[3]，百姓之费，十去其七[4]；公家之费，破车罢马，甲胄矢弩，戟盾蔽橹，丘牛大车，十去其六[5]。

通说

1 国之贫于师者远输，远输则百姓贫： 国家之所以贫困是因为大军出征而长途运输补给造成的，远途运输导致百姓贫困。孙子再次强调远途运输补给造成的严重后果。

儿呀，咱家仅有的一点米也被充作军粮了。

娘亲，我不喜欢吃菜叶，我要吃米饭！

2 近师者贵卖，贵卖则百姓财竭，财竭则急于丘役： 靠近驻军的地方因为人群集中，需求旺盛，生活用品的价格就会上涨。物价暴涨就会导致老百姓积蓄枯竭，国家财政枯竭就会更急迫地征收赋税。丘役，赋税。春秋末期以“丘”为单位征收赋税。九百亩为井，十六井为丘，四丘为甸。司马穰苴所著的《司马法》说，每丘出战马一匹，牛四头，丘车一乘，甲士三人，步卒七十二人。国家的财富从哪里来？当然是从老百姓的赋税中来。大河有水小河满，大河没水小河干。国家财政枯竭，只能想办法搜刮老百姓，老百姓则更贫困，生活于水深火热之中，从而怨声载道，内乱将起，国家就危险了。这就是战争带来的蝴蝶效应。

3 力屈、财殚，中原内虚于家：前方战事久拖不决，导致军队兵力损耗，国家财政困难，国内的富裕之家也逐渐空虚。中原，指国内。家，与现在“家”的概念不同，现在的家指家庭，是社会学的概念。古代的“家”，是政治学的概念，指一种特殊的政治实体。在我国周朝，周天子拥有天下，实行分封制，即分邦建国。诸侯的领地叫国，即诸侯国；诸侯国君再把自己的领地分给大夫，大夫的领地叫家，对领地享有产权和治权，这里也可以理解为富裕之家。

4 百姓之费，十去其七：老百姓的财物，被战争消耗了十分之七。连富裕之家都空虚了，老百姓就可想而知了。

5 公家之费，破车罢马，甲胄矢弩，戟盾蔽橹，丘牛大车，十去其六：国家的消耗也很严重，轻车、重车破损，马匹疲乏不堪，甲胄、矢弩、矛戈盾牌、辎重车辆以及拉车的牛消耗了十分之六。公家：诸侯的公室，泛指国家。罢（pí）：通疲，战马疲乏不堪驱驰。甲胄：盔甲衣胄，护身的叫甲，护头的叫胄。矢弩，指箭弓和弩。弩，指发射箭矢的简单机械。戟盾蔽橹：戟，古代的一种兵器，由矛和戈组成。盾，盾牌，士兵手持用以防身。蔽橹，大盾牌，战车上的防护器械。丘牛大车：大牛拉的辎重车辆。丘，大。

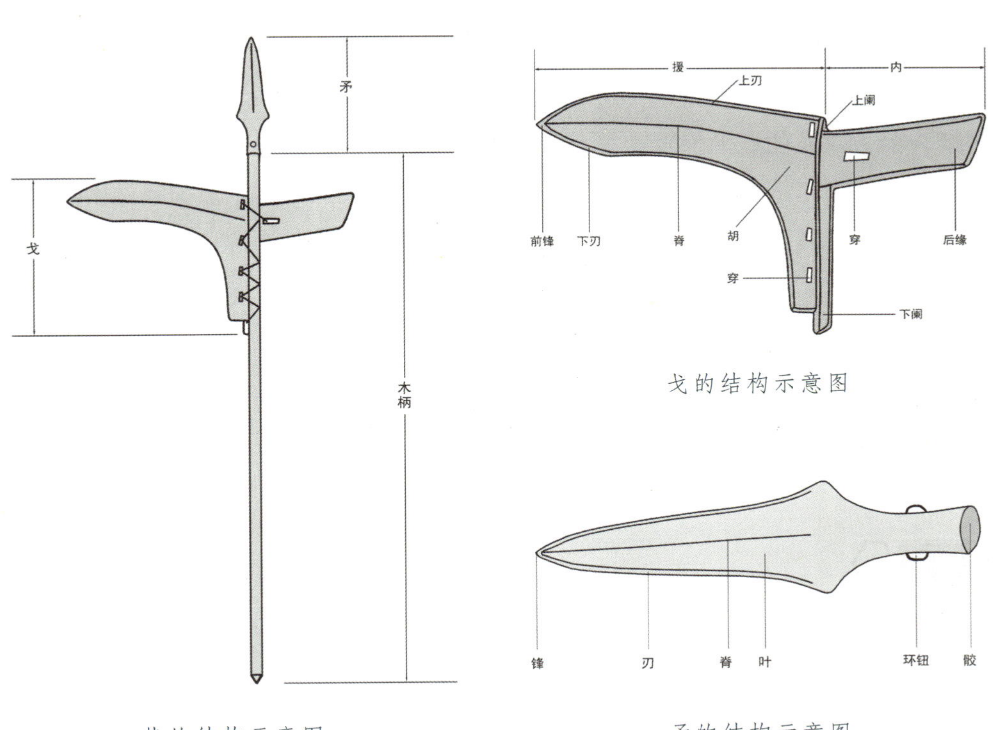

戟的结构示意图

戈的结构示意图

矛的结构示意图

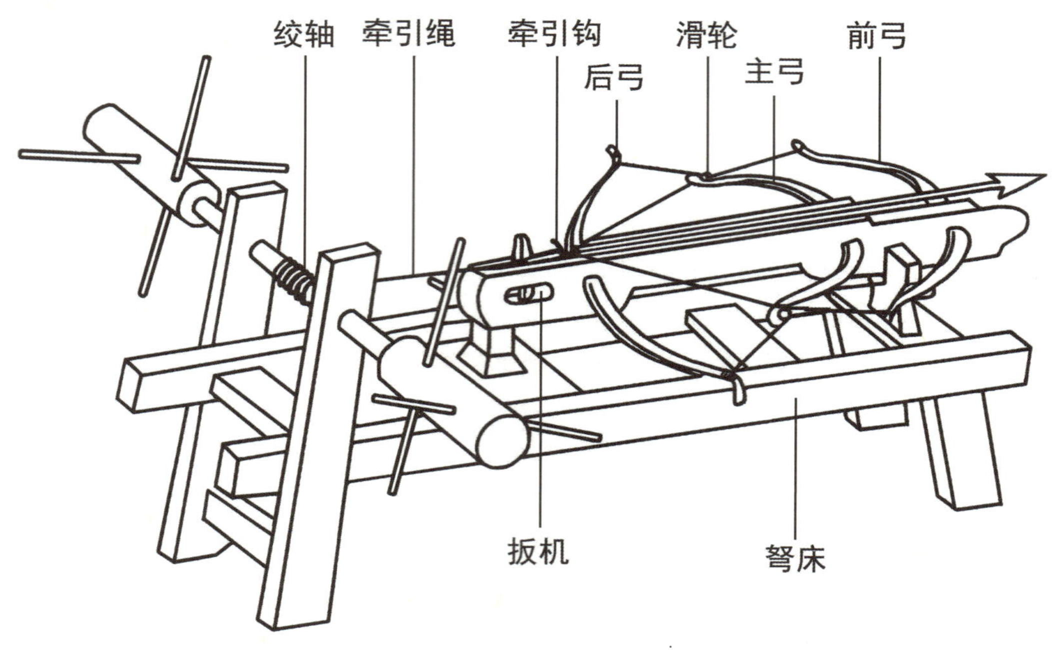

弩的结构示意图

孙子在这里进一步深入探讨用兵之害。造成国家贫困的原因，在于两个方面：远输和贵卖。远输即与前方军队的资源保障有关系，远输靠老百姓，耗时费力，消耗也大。而且这么多人从事远输，不事生产，国家的收入自然减少，从而造成国家贫困。国家贫困还与贵卖有关系，靠近驻军的地方，人口集中，市场需求量大，供不应求，物价自然上涨，国家满足军需所承担的费用越大，也会导致贫困。俗话说，大河有水小河满，大河无水小河干。国家贫困，老百姓的日子也好不到哪儿去。百姓财富十去其七，国家财富十去其六，说的还是战争之害。

故智将务食于敌[1]，食敌一钟，当吾二十钟[2]；萁秆一石，当吾二十石[3]。

通说

1 **故智将务食于敌：** 所以，高明的将帅务必力求在敌国补充粮秣给养。把困难转嫁给敌人。

2 **食敌一钟，当吾二十钟：** 吃掉敌人一钟粮食，相当于吃掉自己二十钟粮食。钟，容量单位，一钟相当于六十四斗。

孙子为什么说食敌一钟当吾二十钟呢？从敌方的角度来说，这里分两种情况，第一种情况是从敌军手里抢粮，食敌一钟，敌人就少一钟，敌人则需要补充，也面临运输和损耗的问

题。第二种情况是从敌国百姓那里抢粮，百姓无粮，则无法资军。从己方的角度来说，军队在前线吃一钟，粮食，经过千里转运，相当于要从后方多运二到三倍不止，抢敌人的粮食，就可以节约大量运费和时间，此消彼长，食敌一钟，当吾二十钟的说法毫不夸张。

3 **萁秆一石，当吾二十石：** 用敌人的草料一石，相当于从国内运二十石。道理同上。萁（qí），通"萁"，豆秸，喂牛马等牲口的草料。石（dàn），古代重量单位，一石合一百二十市斤。

因粮于敌到底有多大的好处？

这里孙子用具体的数字对"因粮于敌"产生的实际效果进行量化，并得出结论：食敌一钟，当吾二十钟；萁秆一石，当吾二十石。真是一笔非常划算的好买卖！

故杀敌者，怒也[1]；取敌之利者，货也[2]。车战得车十乘已上，赏其先得者而更其旌旗[3]。车杂而乘之，卒善而养之，是谓胜敌而益强[4]。

通说

1 **杀敌者，怒也：** 要使全军士气高昂，奋勇杀敌，就必须激发他们同仇敌忾的愤怒情绪。这里指从精神上鼓舞士气，通过战前动员的方式激发士兵杀敌的勇气。

2 **取敌之利者，货也：** 要使士兵勇于夺取敌军的军需物资，就必须以缴获的财物的一部分作为奖励。这是指对士兵进行物质奖励。打仗是关于生死的大事，没有物质奖励，谁肯卖命？这是人性的本质。精神和物质手段双管齐下，将士的斗志才能保持。

3 **车战得车十乘已上，赏其先得者而更其旌旗：** 在车战中，凡缴获10辆以上战车，就奖赏首先缴获的人，并把敌军的旗帜换成我军的旗帜。已，通以。更，更换。

4 **车杂而乘之，卒善而养之，胜敌而益强：** 将缴获的敌军战车混杂编入我军战车部队之中，要善待俘虏，给予供养，这就是战胜敌人而壮大自己的方法。杂，混杂。益，更加。所以，要使全军士气高昂，英勇杀敌，就必须激发他们同仇敌忾的愤怒情绪。要使士兵勇于夺取敌军的军需物资，就必须以缴获财物的一部分作为奖励。所以，在车战中，凡是缴获10辆车以上的，就奖赏最先抢得战车的人。缴获的战车，要立即换上我军的旗帜，编入我军战车行列。要善待俘虏，通过教育感化使他们归顺。这就是战胜敌人而使自己越发强大的方法。

这是对"因粮于敌"原则的进一步深化，从精神和物质两方面去刺激将士，充分利用敌人的一切资源，将缴获的战车马上入编，俘虏要善而养之，补充自己的兵力消耗。这样不但省下自己的，还消耗敌人的，此消彼长，胜敌益强。

图说 孙子兵法 TUSHUO SUNZIBINGFA

将军如此仁义，我等
愿意真心归降，追随
将军出生入死！

故兵贵胜，不贵久[1]。故知兵之将，生民之司命，国家安危之主也[2]。

通说

1 **兵贵胜，不贵久：**用兵贵在速胜，不宜持久。

2 **知兵之将，生民之司命，国家安危之主也：**知道如何用兵的将帅，是人民命运的掌握者，是国家安危的主宰者。

孙子这里总结全文，再次强调将帅在战争中发挥的巨大作用以及重大责任。

孙子强调速胜，这是站在主动进攻的一方角度而言，速胜可以有效化解后勤补给、长途转运的难题。而被动防守的一方却不会这么想，他们有可能希望战争拖得越久越好，这样进攻的一方由于后勤补给困难，就有可能不战而退或者导致失败。

本篇不但阐明了战争准备工作的重要内容，更是一篇论述深刻的战争经济学。

孙子认为，作为将帅，必须从支撑战争的物质基础以及国家的承受能力的角度考虑战争问题，强调经济资源是决定战争的根本问题。战争与经济有关，与民生有关。战争与经济相互作用，战争靠经济支撑，既能保障经济发展，推动经济发展，又能破坏经济发展。作为将帅，要有丰富的学识和能力，仅读几本兵书是不够的，既要知天知地，知彼知己，还要深刻理解战争中的经济学，通晓其中的利害得失，并且能够有效地化害为利，从全局的角度驾驭战争。

第三

谋攻篇

本篇重点论述“不战而屈人之兵”的作战思想。战争是一把双刃剑，既能伤敌，也会伤己，因此孙子提出“上兵伐谋”——以智克力的重要军事思想原则。总结出在此原则指导下的几种用兵方法以及预知战争胜利的几种基本情况，提出“知己知彼，百战不殆”的经典军事理论。

图说 孙子兵法

孙子曰：夫用兵之法，全国为上，破国次之[1]；全军为上，破军次之[2]；全旅为上，破旅次之[3]；全卒为上，破卒次之[4]；全伍为上，破伍次之[5]。是故百战百胜，非善之善者也[6]；不战而屈人之兵，善之善者也[7]。

通说

1 **夫用兵之法，全国为上，破国次之：**用兵作战的原则是，用智谋使敌国完整地屈服是上策，用武力打败敌国使其投降就差一些。国，指敌国的首都，寓指全国。破，指击破、打败、消灭。春秋战国时代，诸侯国之间相互征伐的目的就是占领敌国的土地和人民。在自然经济状态下，有了土地和劳动力，则意味着国力的增强。

2 **全军为上，破军次之：**用智谋使敌人全军投降是上策， 用武力打败敌人的全军就略逊一筹。军，春秋战国时期军队的编制，一万二千五百人为军，一般有左、中、右三军。全军寓意整个军队。

3 **全旅为上，破旅次之：**用智谋使敌人全旅投降是上策，用武力打败敌人的全旅就略逊一筹。旅，春秋战国时期军队的编制，五百人为旅。

4 **全卒为上，破卒次之：**用智谋使敌人全卒投降是上策，用武力打败敌人的全卒就略逊一筹。卒，春秋战国时期军队的编制，一百人为卒。

5 **全伍为上，破伍次之：**用智谋使敌人全伍投降是上策，用武力打败敌人的全伍就略逊一筹。伍，春秋战国时期的军队编制，五人为伍。

五人为一个基本单位，叫“伍”，分别使用弓、殳、矛、戈、戟，呈纵队战斗队形时，短兵器在前长兵器在后。五个伍排成一个方阵“两”，两司马为甲士，居中担任指挥。

6 **是故百战百胜，非善之善者也：** 在对敌战争中（指破国、破军、破旅、破伍），即使是百战百胜，也不算是最高明的谋攻之法。

7 **不战而屈人之兵，善之善者也：** 不通过武力的方式迫使敌人屈服是高明之中最高明的。

孙将军，我等粮道被断，
求救无门，愿意投降！

图说 孙子兵法 TUSHUO SUNZIBINGFA

孙子用五个“全”和五个“破”做排比，藉以强调其全胜思想。全胜思想的核心是“不战而屈人之兵”。

这段话主要包含以下几个方面的意思：

1. 战争都是集小胜为大胜。在战争这种激烈的力与力的对抗和智与智的交锋中，任何一方都不会坐以待毙，不要试图毕其功于一役，集小胜为大胜，直至彻底打败敌人。

2. 战争的目的不是杀人，保全了敌人，就是保全自己。杀人越多，反抗越激烈，付出的代价越大，所以孙子说百战百胜，非善之善者。孙子的这一反常规思维，打破我们的三观，打破我们对常胜将军固有的崇拜意识，并告诉我们一个通常被胜利的狂喜所掩盖的残酷事实：胜利者的权杖上闪亮的红宝石浸透了牺牲战士的鲜血，一将功成万骨枯。

3. 保全敌人，是为了从心理上彻底征服敌人。诸葛亮为什么要七擒孟获？不是因为诸葛亮吃饱了没事干拿孟获逗乐，他是想从心理上彻底征服敌人，这才利于战后重建，巩固胜利果实，而一劳永逸这才是发动战争的意义所在。

4. 体现了孙子“仁”的思想。孙子主张军事行动的原则是“非利不动，非得不用”。有人据此认为，兵家主张争利，儒家主张仁义，立场相互对立，不可调和。其实，孙子的“不战而屈人之兵”的战略思想体现的是“全”而不是“破”，既保全自己，也保全敌人，是最大的“仁”。再者，兵家所争之利，不是一个人的利，而是人民之利，国家之利，这与儒家以大仁大义而求大利的思想大道同源，殊途同归。

5. 深刻揭示战争之道，其根本核心和基础，即具备强大的军事实力。

战争之道，强胜弱败，这是任何时代都颠扑不破的科学真理。没有强大的军事实力，想要不战而屈人之兵，只能是水中月、镜中花，是一种虚妄的臆想。军事实力体现了综合国力，国富才能兵强。

什么是“道”？把任何事情做到极致就是“道”。

用兵之道的极致就是“不战而屈人之兵”，体现了兵家的一种豪迈和自信。作为军人，必须去追求这样的最高目标，具备这样一种思想境界，不断超越自我，提升境界，追求至善至美的战争之道。

故上兵伐谋[1]，其次伐交[2]，其次伐兵[3]，其下攻城[4]。

通说

1 上兵伐谋： 上兵，用兵的上策。伐谋，即挫败敌人的战略意图。所谓上兵伐谋，就是从根本上破坏敌人的作战计划，战略意图，让敌人认识到其战略意图根本不可能实现，从而被迫放弃自己的想法和念头。上兵伐谋，攻心为上。比如现代的军演，通过不断展示先进武器的方式，造成一种强烈战略威慑，迫使敌对国家不敢轻举妄动，即是一种不战而屈人之兵的伐谋方式。

越国今年粮食丰收，可能会在秋后来攻打我们，该怎么办呢？
大王，我建议在做好积极防御的同时，联合其他几个大国在越国边境搞一次会盟，打消他们的念头！

2 其次伐交： 其次是挫败敌人的外交。分化瓦解或拉拢敌人的同盟，使其孤立。外交的根本目的就是广结盟友，孤立敌人，这也是战争的一种软实力。

3 其次伐兵： 再次是进攻敌人的军队。在威慑和外交两种手段都不能奏效的情况下，战争进一步升级，选择野战的方式，即以敌人的军队作为作战目标，消灭敌人的有生力量。

孙将军，希望能早日传
来你凯旋的好消息！

4 其下攻城：直接攻打敌人的城池是最下策。敌人不到黄河心不死，到了黄河也不死心，在万不得已的情况下，孙子认为，攻城虽是下策，也只能采用了。

孙子把作战形式分为四种，即通过伐谋、伐交、伐兵和攻城等四种作战形式来达成目的。其中伐谋和伐交是非直接军事手段，即不流血的战争，通过政治、外交或军事威慑等手段打败敌人。伐兵和攻城属于激烈的军事对抗，是流血战争。孙子认为是下策，逼不得已才能用。

与伐兵和攻城相比，伐谋和伐交需要付出的代价显然要小得多，不用牺牲将士的性命，不用消耗太多的战争资源，就可以实现己方的战略目的，何乐而不为呢？

虽然“不战而屈人之兵”是一种理想状态，是战争的最高境界，充满理想主义色彩。但作为军人，却必须去追求这样的最高目标，这是一种至高的思想境界。

同时，孙子也并非是单纯的理想主义者，他还是一个实用主义者，在伐谋、伐交手段不能奏效时，战争必须升级为双方军事力量的直接对抗，即流血战争。战争的级别和层次视战争的具体发展情况而定，不能一味死守伐谋、伐交的宗旨不放。

在实际的战争中，更多的时候是伐谋、伐交、伐兵和攻城等四种作战形式的综合应用，才能起到更好的效果。

攻城之法，为不得已[1]。修橹轒辒[2]，具器械，三月而后成[3]，距闉，又三月而后已[4]。将不胜其忿而蚁附之[5]，杀士三分之一，而城不拔者，此攻之灾也[6]。

通说

1 **攻城之法，为不得已：**攻城的方法是不得已才用的。

2 **修橹轒辒：**修，制造。橹，大盾牌。轒辒（fén wēn），古代攻城用的巢车。上蒙生牛皮下有四轮，可掩护十人往来运土填战壕，以防城上弓矢的攻击。

轒辒示意图

请大家加快工
程进度！

3 **具器械，三月而后成：** 准备攻城的器械需要三个月时间，指时间很长。具，准备。

4 **距闉，又三月而后已：** 构筑攻城的土山又需要三个月时间。闉（yīn），通堙，高于敌人城池的土山。构筑这种土山，可以居高临下，向城上的敌军射箭，以掩护部队攻城，是一种攻城的辅助手段，需要大量人力、物力和时间。

图说 孙子兵法 TUSHUO SUNZIBINGFA

5 将不胜其忿而蚁附之：如果将帅愤怒急躁，驱赶士卒就像驱赶蚂蚁一样攻城。因为准备攻城的时间太长，将帅逐渐失去耐心。

6 杀士三分之一，而城不拔者，此攻之灾也：攻城的士卒伤亡三分之一，而城池还没有攻下来，这是攻城带来的危害。杀士三分之一，形容伤亡巨大。

这一段孙子主要论述攻城之灾。首先，在冷兵器时代，因为武器落后，攻城的手段不多，高大坚固的城墙易守难攻，需要付出的代价极大，不到万不得已，不会直接攻城。

其次，攻城要准备攻城的器械，还要进行土工作业，修筑进攻的土山，耗时费力，对将士的耐心是很大的考验。时间耗得太久或者久攻不下都会愤怒急躁，战争变成意气之争。一方拼命进攻，一方拼命防守，伤亡剧增，一旦破城，就会屠城泄恨，对双方来说都是一种灾难。

孙子在这一段中承上启下，强调说明攻城是一种最不可取的谋攻方式，是下策，违反全胜的思想原则，所以不到万不得已，不可采用此法。

故善用兵者，屈人之兵而非战也[1]，拔人之城而非攻也[2]，毁人之国而非久也[3]，必以全争于天下[4]，故兵不顿而利可全[5]，此谋攻之法也[6]。

通说

1 **屈人之兵而非战也：**迫使敌人的军队屈服并非靠激烈的战斗。屈，使……屈服。屈人之兵，使敌人的军队屈服。非战，不通过激烈的战斗。战，指短兵相接，面对面角力，是一种最原始、最激烈的战斗方式。

2 **拔人之城而非攻也：**夺取敌人的城池并非靠强攻的方式。拔，攻占，夺取。

3 **毁人之国而非久也：**攻破或灭亡敌人的国家不需要旷日持久。国，首都，这里泛指国家。

4 **必以全争于天下：**一定要用全胜的战略思想指导战争，争胜于天下。

5 **故兵不顿而利可全：**这样军队就不会折损而能获得全胜。顿通钝，挫伤，折损。

6 **此谋攻之法也：**这就是谋攻的法则。

无论是屈人之兵，还是夺人之城，或是毁人之国，孙子强调，其指导思想都是“全胜”思想，要达到的效果是“兵不钝而利可全”。

屈人之兵、夺人之城、毁人之国，指战争的级别不断上升，战争程度越来越激烈。

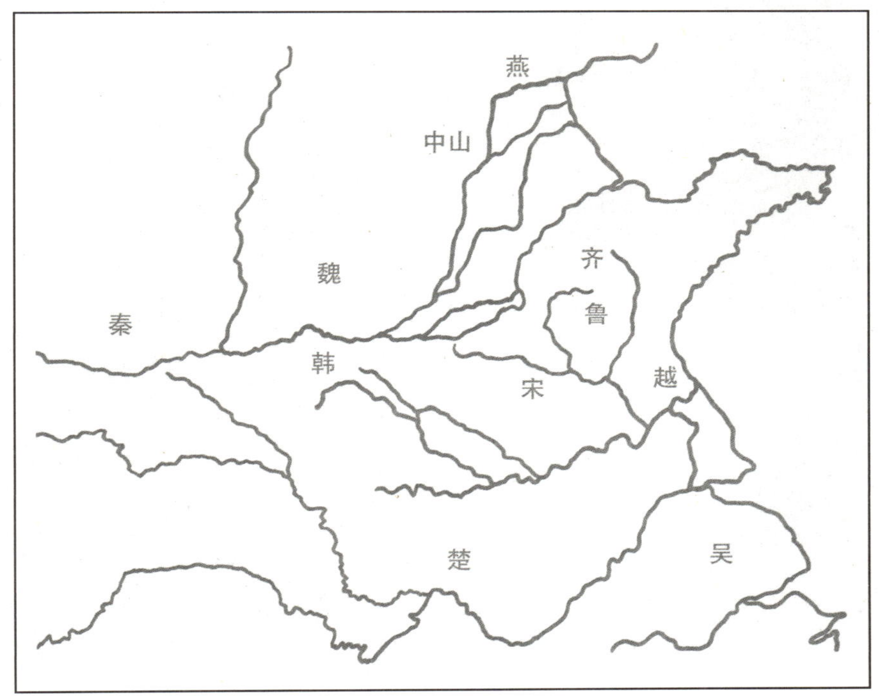

春秋时期地图

以智克力，
以谋取胜，
以全争天下。

要避免攻城之灾，孙
先生何以教我？

图说 孙子兵法 TUSHUO SUNZIBINGFA

故用兵之法[1]，十则围之[2]，五则攻之[3]，倍则分之[4]，敌则能战之[5]，少则能逃之[6]，不若则能避之[7]。故小敌之坚，大敌之擒也[8]。

通说

1 故用兵之法：所以，用兵作战的方法。

2 十则围之：我军兵力是敌人的十倍，就围而不打，迫使敌人投降。十，不是确指，形容我军拥有数量上绝对优势的兵力。

3 五则攻之：我军兵力是敌人的五倍，就可以进攻。我军五倍于敌，敌人一般不会主动发起进攻，为了迅速消灭敌人，只能是我军主动出击，攻打敌人。

4 倍则分之：我军兵力是敌人的一倍，就要设法调动敌人，使敌人分兵。我军虽然一倍于敌，兵力有一定优势，但孙子认为这样还不够，还应该设法使敌人分兵，使我军有更明显的优势。

5 敌则能战之：敌我兵力相当，如果不能避免，应该果断出击，战胜敌人。敌，不是指敌人，是实力相当的意思。如果敌我实力相当，不期而遇，则先下手为强，迅速出击，勇猛作战，反而会有意外收获。

6 少则能逃之：我军兵力比敌人少，则选择退却。能逃之，不是逃跑，而是有序、有谋地退却。

7 不若则能避之：如果敌强我弱，相差悬殊，则避免和敌人决战。不若，即不如，指敌我实力相差比较悬殊。

8 故小敌之坚，大敌之擒也：弱小的军队如果固执坚守，就一定会被强大的军队所俘虏。小敌，实力弱小的军队。大敌，实力强大的军队。

这里的用兵之法，指的是孙子在前文所说的“兵不钝而利可全”，以“全争天下”的思想原则指导下的六种用兵方法。

“十则围之”、“五则攻之”、“倍则分之”三条作战原则就是集中优势兵力，彻底消灭敌人。毛主席说，伤其十指，不如断其一指。讲的就是集中优势兵力消灭敌人有生力量的道理。

“敌则能战之”是兵力相当的情况下，“能战之”强调一个“能”字，有三层含义，一是要不惧强敌，敢于作战，勇猛顽强；二是善于作战，要有谋有法，用智取胜；三是要审时度势，觉得能打败敌人则战，觉得不能打败敌人则退，机动灵活，随机应变。

“少则能逃之”、“不若则能避之”两条是在敌强我弱情况下的用兵方法。毛主席曾经说过，“打得赢就打，打不赢就走”，都是强调既要善打（集中优势兵力），也要善走（逃之避之）。在兵力处于劣势时，作为领兵将帅要始终记住一个宗旨：兵不钝而利可全，以全争天下。既不能贻误战机，该打不打，也不能轻敌浪战，急功冒进，要尽力避免出现两个极端：一是不能犯退却的逃跑主义。一看敌人实力强大，就心中害怕，四散溃逃，这样容易为敌所乘。而是要有谋、有序退却，避其锋芒，再寻战机；二是面对强敌，不能犯进攻的英雄主义，轻敌冒进，不把敌人放在眼里，死拼硬攻，这就是变成了孙子所说的『小敌之坚，大敌之擒』，最终的结果不是被消灭，就是被擒获。

图说 孙子兵法 TUSHUO SUNZIBINGFA

给我狠狠地打！全部消灭！

夫将者，国之辅也[1]，辅周则国必强[2]，辅隙则国必弱[3]。

通说

1 **夫将者，国之辅也：**将帅，是辅助国家的重臣。将，将帅，这里是指能独立指挥军队的将帅。辅，原指增强车轮支力的辅木，这里引申为辅佐。

2 **辅周则国必强：**将帅在辅佐国家时，如果能力全面，做事周全，谋事周密，国家就会强盛。周，有三层意思，一是五德具备，能力全面；二是做事周全，认真负责；三是谋事周密，不泄于外。

3 **辅隙则国必弱：**如果将帅能力不够，做事有疏漏，谋事不密，国家就会衰弱。隙，欠缺，疏漏，与“周”相对。

孙子把国家的强盛兴衰与将帅的辅佐能力直接挂钩，再次强调将帅的重要作用以及其肩负的重要使命与职责。

故君之所以患于军者三[1]：不知军之不可以进而谓之进，不知军之不可以退而谓之退，是谓縻军[2]。不知三军之事而同三军之政者，则军士惑矣[3]。不知三军之权而同三军之任，则军士疑矣[4]。三军既惑且疑，则诸侯之难至矣[5]。是谓乱军引胜[6]。

通说

1 **故君之所以患于军者三：**国君危害军队有三种情况。即帅将之患——国君的瞎指挥对军队造成的危害。

2 不知军之不可以进而谓之进，不知军之不可以退而谓之退，是谓縻军：不知道军队在什么条件下可战而使其出击，不了解军队在什么情况下可退而使其撤退，这就束缚了军队的手脚。牵制军队，束缚军队的进退。縻（mí），牵制，束缚。该进不进，就会贻误战机；该退不退，就是蛮干硬拼，不知进退的军队焉能不败？

进攻！
敌人有备而来，
不是进攻的好时
机，撤退！

走了这么久，太累了，让部队停下来歇会儿吧！

此地靠近密林，不宜驻军，如果敌人用火攻就麻烦了。

3 不知三军之事而同三军之政者，则军士惑矣：国君不懂军务却要参与军队的管理，会导致将士迷惑。三军之政，军队的管理。刘备带兵伐吴，连怎么驻军都糊里糊涂，最后被陆逊一把大火烧个干净，这就是不懂三军之事造成的恶果。

4

不知三军之权而同三军之任，则军士疑矣： 国君不懂指挥打仗要因敌而权变，还要参与军队的任命指挥，导致将士对指挥者产生怀疑和不信任。让善于防守的人去进攻，让善于进攻的人去防守，岂不是避长就短，能打好仗吗？

5 **三军既惑且疑，则诸侯之难至矣：** 由于国君的瞎指挥，造成三军疑惑，不信任将帅的指挥能力，其他诸侯国就会趁机来犯。

6 **是谓乱军引胜：** 这样的做法就会搞乱军队，导致敌人胜利。

国君的瞎指挥对军队造成的危害也叫中御之患。中御之患最典型的有三种情况，即縻军、惑军和疑军，其结果是导致乱军引胜。

孙子在前文强调将帅与国家前途命运的重大关系，责任主体是将帅。国家的兴衰成败不能完全系将帅于一身，与国君也有重大关系和责任。如果国君过分干预军事，外行领导内行，会导致军事上的失败，从而影响国家的前途和命运，这里的责任主体则是国君。

国不可从外治，军不可从中御。国君和将帅的关系是君和臣的上下级关系，是辅佐与被辅佐的关系。作为国君，应该放手让将帅全权指挥，不受节制，避免干扰；作为将帅，将在外，君命有所不受。不能不加鉴别，一味服从，不知变通。只有二者相互依赖，相互配合，分工合作，才能促使国家繁荣富强。

故知胜有五[1]：知可以战与不可以战者胜[2]；识众寡之用者胜[3]；上下同欲者胜[4]；以虞待不虞者胜[5]；将能而君不御者胜[6]。此五者，知胜之道也。

通说

1 **知胜有五：** 根据自己具备的客观条件而预知胜利的结果有五种方式。战争胜利的结果是可以预测的，其根据就是看自己是否具备胜利的条件和因素，毛泽东的《论持久战》就成功预测日本必败的结果。

2 知可以战与不可以战者胜：凡是能够懂得什么情况下可以打或什么情况下不可以打的将帅就能够取胜。知己知彼百战不殆。“知可以战与不可以战”强调的是知己知彼，即对双方兵力的充分了解。这里孙子强调的是不打无把握之仗。

3 识众寡之用者胜：凡是能够懂得根据兵力多少而采取不同战法的将帅就能取胜。众寡之用，即兵力的配置。众，多。寡，少。将帅的指挥才能更多的是体现在军事资源的配置上，包括合理的兵力调配等方面。这里孙子要强调的是不打无优势之仗。

将士们，敌人侵我国土，毁我家园，你们愿意和他们血战到底吗？

愿意！

4 上下同欲者胜：全军上下一心的就能取胜。同欲，共同的意愿。上下同欲，即全军将士一心用命，相互配合，同仇敌忾。三军团结如一人，试问天下谁能敌？孙子在这里强调的是要充分发挥团队的战斗力。

5 **以虞待不虞者胜：** 以有充分准备的军队对付没有充分准备的军队就能取胜。虞，准备。一方有备而来，一方仓促应战，攻其不备，出其不意，焉能不胜？这里孙子强调的是不打无准备之仗。

孙将军，对于这
一仗的结果，你
有什么看法？
我军
我军
我军

6 将能而君不御者胜：将帅有指挥作战的才能而国君不加牵制干预的就能取胜。御，驾驭，牵制，干预。国君的充分信任，充分授权，更能激发将帅的责任心与使命感。

图说 孙子兵法 TUSHUO SUNZIBINGFA

战争能否取胜是可以提前预知的，既不是靠良好的愿望，更不是抱以侥幸心理，而是以敌我双方具备的客观条件和因素作为预测的根据，即知胜的五个条件。这五个条件都强调一个“知”字，即既要“知己”，还要“知彼”。

“知可以战与不可以战”、“识众寡之用者胜”、“上下同欲者胜”、“将能而君不御”强调的是“知己”，“以虞待不虞”强调的是“知己知彼”。

总之一句话，所谓知胜，就是不打无把握之仗，不打无准备之仗，不打无优势之仗，不打无谋划之仗。

故曰：知彼知己，百战不殆[1]；不知彼而知己，一胜一负[2]；不知彼，不知己，每战必殆[3]。

通说

1 知彼知己，百战不殆： 既充分了解敌人，同时也了解自己的，这样的将领指挥作战，即使百战都不会遇到危险。百战，形容打仗的次数多，不是确数。殆，危险。既了解敌人，又了解自己，能打则打，不能打则走，当然不会有什么危险。

2 不知彼而知己，一胜一负： 不了解敌人而了解自己的，胜负各占一半。一胜一负，即胜负的概率各占50%，有可能胜也有可能败。对敌人一无所知，即使了解自己，也可能打败仗。

3 不知彼，不知己，每战必殆： 既不了解敌人也不了解自己的，每一战都会有危险。不知彼不知己，就好比盲人骑瞎马，夜半临深池。俩眼一抹黑，临敌只能瞎指挥，焉有不败之理？

知人者智，自知者明。孙子总结知胜的内容，在此基础上提出了“知彼知己，百战不殆”这一亘古不变的战争指导原则。这一指导原则贯穿于战争的整个过程，包括计于庙堂，筹备战争，以及本篇的谋攻之法，贯穿于举兵出征之后的一切军事行动中。

战争中所有智谋的发挥，最终的落脚点都在这个“知”字上，只有知己知彼，建立在对敌我双方客观认知的基础上的深刻了解，才能让对方成为战场上的透明人，才能有效制敌，克敌制胜。

知己知彼对胜负结果的影响

知己知彼，百战不殆	胜率（结果）
知彼、知己	100%
不知彼、知己	50%
不知彼、不知己	0%

既不了解敌人，也不了解自己，就像盲人骑瞎马，那是非常危险的！

第四

军形篇

什么是形？孙子说，决积水于万仞之山，形也。

“形”即军事实力的一种外在表现形式。孙子用积千仞之山上的溪水作比，强调军事实力的强大，就像千仞之溪，山高谷深，溪水量之大，形成一种强烈的威慑。一旦决堤，就会形成强大的无可阻挡之势。

由此看来，“形”就是有形的物质，运动的物质，是客观的物质条件，即军事实力。

战争是暴力的最高形式和手段，是敌我双方力量与力量的对抗，意志与意志的比拼。双方的力量对比产生的强弱效果即是军事实力的“形”。

本篇重点论述了“先为不可胜，以待敌之可胜”的作战原则，强调首先要具备不可战胜的军事力量，即具备强大的“形”，还论述敌我双方军事实力的强弱是决定攻、守两种不同战斗形式的重要依据，指出“修道而保法”是富国强兵的途径，是胜败之政的关键。

图说 孙子兵法

孙子曰：昔之善战者，先为不可胜，以待敌之可胜[1]。不可胜在己，可胜在敌[2]。故善战者，能为不可胜，不能使敌之必可胜[3]。故曰：胜可知，而不可为[4]。

通说

1 昔之善战者，先为不可胜，以待敌之可胜： 古代那些善于指挥作战的将帅，能先做到不被敌人战胜，然后等待可以战胜敌人的时机。为，创造，指做好不被敌人战胜的各种防御工作，首先让自己立于不败之地，为胜利打基础，强调备战的重要性。待，等待、寻找、捕捉。

孙子在这里强调的是实力，也就是“形”的重要性。只有具备一定的军事实力，才能使自己立于不败之地。能否取得战争的胜利不是一厢情愿的，不能从主观愿望出发，也不能仅凭自己的力量打败敌人，而是等待敌人犯错，然后抓住时机，战胜敌人。如果敌人不犯错怎么办？当然不能被动等待下去，要想办法使敌人主动犯错。想什么办法？当然是“诡道十二法”。

2 不可胜在己，可胜在敌：不被敌人战胜的主动权在于自己的客观条件和主观努力，能否战胜敌人取决于敌人会不会犯错误，而非我方主观愿望所能决定。能否战胜敌人，不仅要靠自己的实力，还要看敌人是否会犯错误；敌人犯了错误，还要看能否抓住机会；敌人不犯错误，还要看能否想办法迫使敌人犯错误。

3 故善战者，能为不可胜，不能使敌之必可胜：所以那些善于指挥作战的将帅，能够做到不被敌人战胜，但不能做到使敌人一定被我战胜。能做到不被敌人战胜只是计算上的胜利，还不是真正的胜利，敌人还在那里，还需要继续过招，在战场上见分晓，直到彻底打败敌人，才是真正的胜利。

4 胜可知，而不可为： 胜利的结果可以预见，而不可强求。知，预见，预测。为，强求，想当然。预测战争胜负的结果是根据己方现有的客观条件和物质基础，但也仅仅是一种预测，不是真实的结果。战场情况瞬息万变，不可测的因素有很多，双方或攻或守，斗智斗勇，敌人能否战而胜之，既要靠我们的实力，还要看临敌指挥者能否审时度势，因敌致变，灵活机动，随时把握和捕捉有利战机，只有做到知和行的完美统一，才能把预见变为现实。

这就是孙子的先胜思想。何谓先胜？所谓先胜，就是在对敌战争之前，首先要积极备战，做好充分准备，让自己立于不败之地（先为不可胜），然后等待时机，一旦敌人犯错，则抓住机会，战胜敌人（以待敌之可胜）。

所谓先胜，说白了就是不打无准备之仗。

不可胜者，守也[1]；可胜者，攻也[2]。守则不足，攻则有余[3]。善守者，藏于九地之下[4]，善攻者，动于九天之上[5]，故能自保而全胜也[6]。

通说

1 不可胜者，守也： 不被敌人战胜就要采取防御措施。

2 可胜者，攻也： 可以战胜敌人就采取进攻手段。

3 守则不足，攻则有余： 采取防守措施是因为兵力不足，采取进攻手段是因为兵力强胜。

4 善守者，藏于九地之下： 善于防守的军队，能利用各种地形，使敌人难以进攻。九，是虚数，泛指多。九地，指用各种地形。

5 善攻者，动于九天之上：善于进攻的军队，能利用各种天时，使敌人难以防守。九天，指各种天时。

对于九地和九天，还有不同解释，比如九地，言深而不可知；九天，言来而不可及。意思也说得通。

他们是从哪冒出来的？守不住了，大家快逃吧！

图说 孙子兵法 TUSHUO SUNZIBINGFA

6 故能自保而全胜也： 这样既能保全自己，又能消灭敌人，获得全面的胜利。

孙子认为，要想让自己立于不败之地，就要在实力基础上把握好防守和进攻之间的转换，选择正确的作战方式。

基本的战斗形式只有两种：攻和守。到底采取哪种方式，要依据兵力、武器装备、物资保障、军心士气、敌我态势等因素加以综合考量，这些因素综合起来就是实力，实力决定攻守形式。

攻和守不能割裂开来看，攻和守应该是对立统一的，没有攻，就无所谓守；没有守，也就无所谓攻。攻中有守，守中有攻，二者可以相互转换。一味地守，就不能迅速有效地打败敌人；一味地攻，也会因战争消耗巨大而承受不起。关键是看实力，看战争的态势变化。

见胜不过众人之所知，非善之善者也[1]；战胜而天下曰善，非善之善者也[2]。故举秋毫不为多力，见日月不为明目，闻雷霆不为聪耳[3]。古之所谓善战者，胜于易胜者也[4]。故善战者之胜也，无智名，无勇功[5]，故其战胜不忒，不忒者，其所措必胜，胜已败者也[6]。故善战者，立于不败之地，而不失敌之败也[7]。是故胜兵先胜而后求战，败兵先战而后求胜[8]。善用兵者，修道而保法，故能为胜败之政[9]。

通说

1 见胜不过众人之所知，非善之善者也： 预测胜利的结果没有超过一般人的见识，算不上高明的将帅。见胜，预测到胜利的结果。众人，一般人，普通人。知，见识。非善之善者，不是高明的将帅。

作为“国之辅”的将帅，关系到数万士兵的生死，国家的存亡，必须具有超人的智慧、谋略，其肩负的职责和使命要求他必须要做到从全局的角度、战略的高度，去把握战争，看到战争胜负结果是必然之中的偶然，想到战争胜负结果偶然之中的必然。作为将帅，既要有超前的预见性，而且有能力把超前的预见性变为现实。将帅并非普通人，如果以普通人的标准去衡量和要求将帅，当然不是，也不可能是最高明的将帅。

2 战胜而天下曰善，非善之善者也： 通过激烈的交战而取得胜利，即使天下人都说好，也算不上高明。战胜，通过激烈的交战而取得胜利。与不战而胜相比，浴血奋战而胜虽然也是一种胜利，但投入的成本不一样，付出的代价不一样，所以不足为奇，并非最高明的，这里孙子反对通过力战取胜，再次强调其全胜思想。

哈哈，
我赢啦！

3 故举秋毫不为多力，见日月不为明目，闻雷霆不为聪耳：所以，能举起羽毛不算力气大，所以能看见日月不算眼睛亮，能听到打雷声不算耳朵灵。秋毫，即秋天鸟兽身上新长的细毛，后用来比喻最细微的事物。明，明亮。聪，听力灵敏。

这里孙子用三个排比句来说明不超出众人之智的“见胜”和“胜战”都不足为善。

4 古之所谓善战者，胜于易胜者也：古代的那些善于用兵作战的将帅，他们之所以能取得胜利，是因为他们在作战时首先选择和那些容易战胜的敌人作战。胜于易胜，取胜是因为敌人容易战胜。比如准备充分、计划周密、部署得当、判断准确、把握战机，处处都比敌人智高一筹，这才是孙子认为的“高明的善战者”。

孙子认为，将帅在用兵作战时，“见胜不过众人之所知”（对胜利的结果预测不超过普通人的见识）和“战胜”（通过激烈交战而胜）这两种胜利结果都不是高明的将帅，而“胜于易胜”（和容易取得战胜的敌人交战而取得胜利）和下文的“胜已败者”（和已经处于失败境地的敌人交战而取得胜利）的胜利结果才算是高明的将帅。

“胜于易胜”和下文的“胜已败者”就是“形胜”，孙子的所谓形胜，即靠自己的实力取胜，靠自己的优势取胜，也就是不打无优势和无把握之仗。

5 故善战者之胜也，无智名，无勇功：所以善于用兵作战的将帅，因为早已暗中做好战胜敌人的正确部署，因此很容易取胜，所以没有智慧的名声和勇武的战功传于后世。因为兵不血刃，速战速决，胜于易胜，所以大智不张，大功不扬。“无智名、无勇功”是孙子对战争的功名观，是对将帅思想境界的一种高要求，也是对自身能力的一种充分肯定和自信。作为兵家，作为将帅，这样的思想境界，非一般人能够企及。

6 **故其战胜不忒，不忒者，其所措必胜，胜已败者也：**因此，善于指挥作战的将帅，他的所有作战措施都是建立在必胜的基础上的，战胜的是已经处于失败境地的敌人，所以他取得的胜利是没有任何差错的。不忒（tè），没有差错。所措，所有的作战措施，即战略，战术。

什么是“已败者”？就是已经处于失败境地、暴露败相的军队。比如轻敌冒进、缺乏后援的军队；内部不和、士气不振的军队；实力相差悬殊的军队；既不知彼也不知己的军队……

我军准备充分，地形有利。双方对峙这么久，敌人已缺衣少粮，疲惫不堪，今夜发动全面进攻，定可一击而胜！

孙将军，我军何时攻击？

7 **故善战者，立于不败之地，而不失敌之败也：**所以，善于指挥作战的将帅总是使自己首先立于不败之地，而又能不错失打败敌人的战机。不失，不错失。孙子强调将帅要有捕捉战机的能力。

动作这么快，我们还
没准备好啊！不管
了，先打了再说！

8 是故胜兵先胜而后求战，败兵先战而后求胜：因此胜利的军队总是先有了胜利的把握然后才和敌人交战，失败的军队则是先和敌人交战而后企求侥幸取胜。有了必胜的把握、必胜的准备和必胜的优势，知彼知己，才能称之为胜兵；反之则是败兵。

9 善用兵者，修道而保法，故能为胜败之政：善于用兵作战的将帅，修明政治，依法治军，所以能够掌握胜负的决定权。

孙子认为，修道保法是战争胜负的前提和根本保障，修道以和其众，保法以御其下。

孙子在这一段重点讲述的是如何进攻的问题。

孙子一贯主张速战速决，因此，仅靠防守是不能迅速而有效地消灭敌人的，只有采取进攻的方式才能消灭敌人，取得胜利。在孙子看来，即便取得了胜利，其结果也有高明与不高明的区别。

孙子认为，“不超过众人的见胜”和“胜战”都不算高明的将帅，“胜于易胜”和“胜已败者”才算高明的将帅。因为“胜于易胜”和“胜已败者”是建立在“自保”（先为不可胜）的基础上，然后抓住战机（以待敌之可胜），集中优势兵力一击而“全胜”，这就是孙子的“形胜”思想，在此基础上总结出“胜兵先胜而后求战，败兵先战而后求胜”的著名论断。

战争的核心因素是双方的综合实力。因此，孙子在实力的基础上提出“先为不可胜，以待敌之可胜”这一重要的战争指导原则，具有普遍的规律性。

这一原则要求将帅不仅要有谨慎的战争观，还要有正确的功名观，即“无智名，无勇功”。只考虑是否对国家有利，是否对人民有利，而不考虑个人的功名利禄。其思想境界之高，非一般人能企及。从这个意义上说，将帅非普通人，见胜不过众人之所知的将帅并非善之善者。

军事实力来源于国力，孙子认为，国力以及军力的提升，修道保法是其根本途径，修道以和众，保法以御其下，才是左右战争胜负的重要原因。

兵法：一曰度，二曰量，三曰数，四曰称，五曰胜[1]。地生度，度生量，量生数，数生称，称生胜[2]。故胜兵若以镒称铢[3]，败兵若以铢称镒[4]。

通说

1 **兵法：一曰度，二曰量，三曰数，四曰称，五曰胜：** 兵法上有五项原则，一是度，二是量，三是数，四是称，五是胜。

度，计算长短的丈尺叫度，这里指国土面积；量，计算物产体积的升、斗叫量，这里指土地产出的物资以及缴纳的赋税；数，数量的多少，这里指兵员的多寡。人口、土地面积、物产以及赋税等因素决定兵员的数量。称，衡量，这里指衡量敌我双方的实力状况。胜，胜利的物质基础。

图说 孙子兵法
TUSHUO SUNZIBINGFA

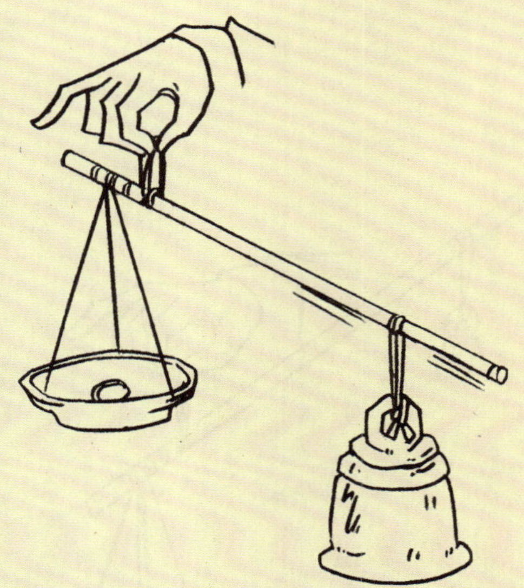

2 地生度，度生量，量生数，数生称，称生胜： 国土面积的大小决定产生出物质资源的多少；人口、土地面积以及物产资源和赋税决定兵员的数量；兵员的数量决定双方的军事实力；军事实力决定战争的胜负结果。

3 故胜兵若以镒称铢： 胜利的军队，在力量对比上，就像用“镒”称“铢”那样，占有绝对优势。镒，古代重量单位，二十两为镒。铢，古代重量单位，二十四铢为两。一镒为一铢的480倍，这里用来比喻胜兵和败兵两者实力相差悬殊。

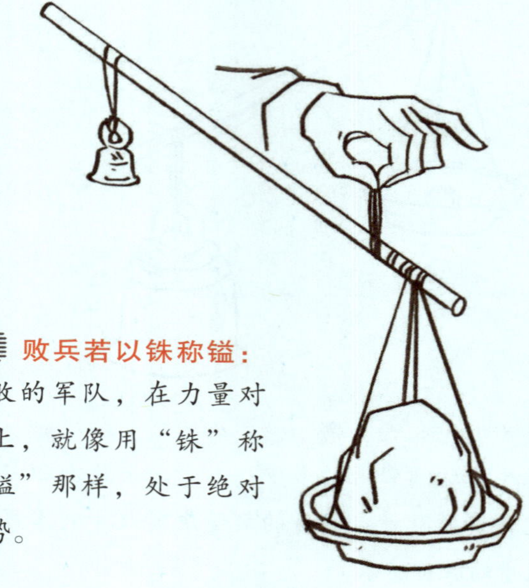

4 败兵若以铢称镒：失败的军队，在力量对比上，就像用“铢”称“镒”那样，处于绝对劣势。

孙子在上一段讲了修道保法是胜败之政的根本，修道保法的最终目的是为了什么？当然是为了提升综合国力和军事实力。

在这一段，孙子给我们列出了综合国力、军事实力以及胜败之政三者之间完整的逻辑关系，见下图。

度、量、数三个因素构成一个国家的综合实力，国家的综合实力体现军队的实力，所以国富才能兵强。孙子从更高的层面论述富国强兵才是战争胜负的根本之道，比前文的“五事七计”更抽象，更概括，也更富哲理性，反映了孙子朴素的唯物主义战争观。

这就是孙子的“称胜”思想。

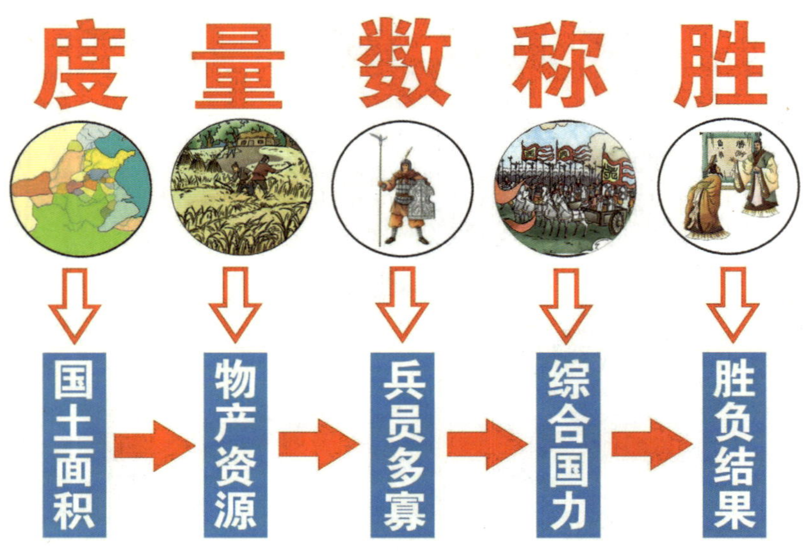

“度、量、数、称、胜”的逻辑关系

度、量、数、称、胜是一个完整的逻辑推理过程，也是科学的计算过程和谋划过程。

所谓称胜，也是不打无谋划之仗。

孙子进一步用“镒”和“铢”相比较，总结出了“胜兵若以镒称铢，败兵若以铢称镒”的著名论断，胜兵和败兵两者实力相差悬殊，胜负的结果自然也就显而易见，强调了军事实力的重要性，揭示了“强时弱败”这一战争的普遍性规律。

胜者之战民也，若决积水于千仞之溪者，形也[1]。

通说

1 胜者之战民也，若决积水于千仞之溪者，形也：实力强大的军队，它的胜利就像在八百丈的高处使溪中的积水决口一样，这就是军事实力的“形”。战民，动员自己的民众投入战争。仞，古代长度单位，八尺为一仞。

什么是形？孙子总结全文，给我们做出解释，“形”即军事实力的一种外在表现形式。他用千仞之溪作比，军事实力的强大，就像千仞之溪，山高谷深，积蓄大量溪水，构成强大的实力。

千仞之溪一旦决堤，其冲击力之强，无可抵挡，形成一种强烈的威慑，这就是势。形和势就像硬币的两面，难以分开。

第五

兵势篇

什么是势?

孙子说，转圆石于千仞之山者，势也。

圆石从千仞之山向下滚动，形象说明物质在急剧运动中所产生的强大的能量，这就是孙子所谓的“势”。

从这个比喻中我们可以看出，势即物质的运动，是主观上的精神力量，是战争中的主观能动性，是将帅的应敌指挥艺术。

本篇从分数、形名、奇正、虚实四个角度展开论述，着重分析了奇正战术的运用，要求军队要有严密的组织，协调一致的指挥系统，灵活多变的战术，把握进攻的时机和节奏，选择正确的进攻点，才能达到一击制胜的效果。提出了“择人而任势”的辩证法思想要想充分发挥战争中的主观能动性，将自己现有的力量发挥更大的作用，就要学会造势、借势、顺势、任势，利用有利态势，才能充分发挥军事力量，战胜敌人。

图说 孙子兵法

孙子曰：凡治众如治寡，分数是也[1]；斗众如斗寡，形名是也[2]；三军之众，可使必受敌而无败者，奇正是也[3]；兵之所加，如以碫投卵者，虚实是也[4]。

通说

1 **凡治众如治寡，分数是也：** 只是，管理大部队就像管理小部队一样得心应手，这是军队的组织编制问题。治，管理。众，多。寡，少。分，分别。数，数量。分数，指军队的组织和编制。

一支军队，只有合理的编制、严密的组织、明确的职责分工以及严明的法纪和正确的训练，才能形成强大的战斗力。

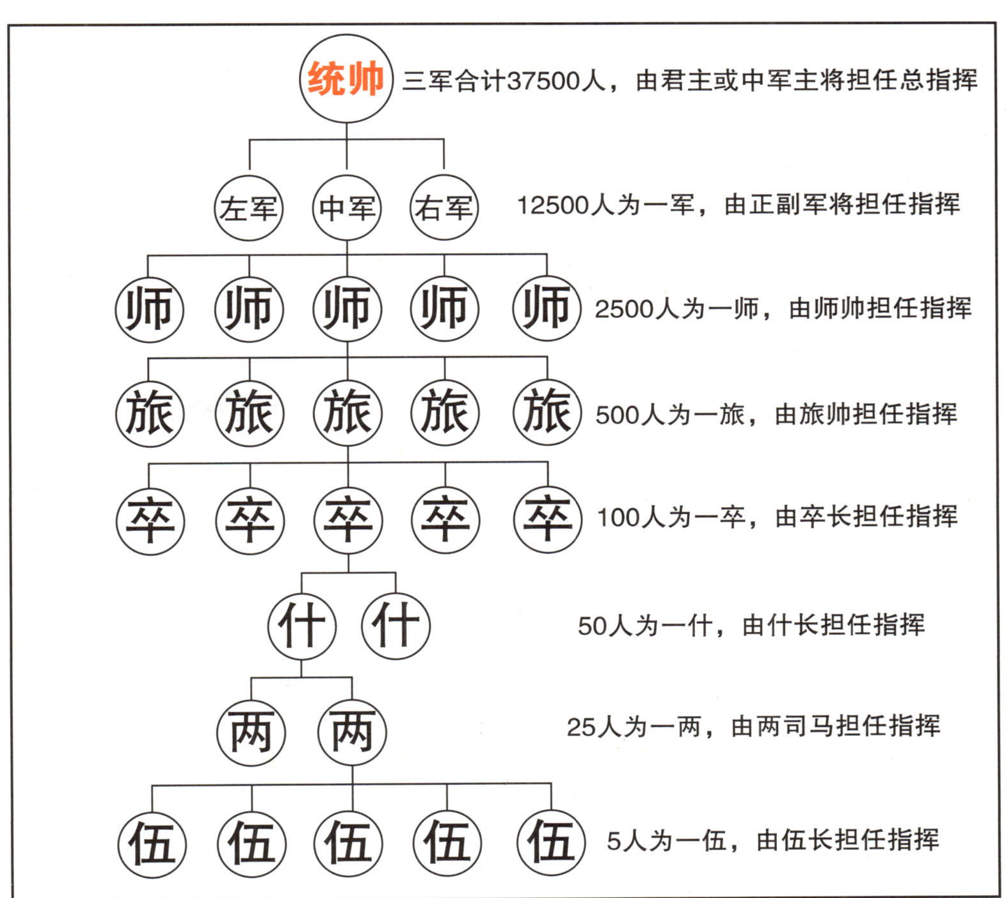

古代军队的编制

2 斗众如斗寡，形名是也： 指挥大部队作战就像指挥小部队作战一样灵活自如，是指挥号令的问题。斗，作战，战斗。形名，指挥作战的旌旗和金鼓，这里指军队的指挥和联络系统。

古代军队的指挥信息的近距离传递主要靠口口相传，远距离的信息传递主要靠烽火台、旌旗、金鼓、快马、信鸽，近现代逐渐演化到发报机、电话、对讲机、电脑网络、卫星，等等。

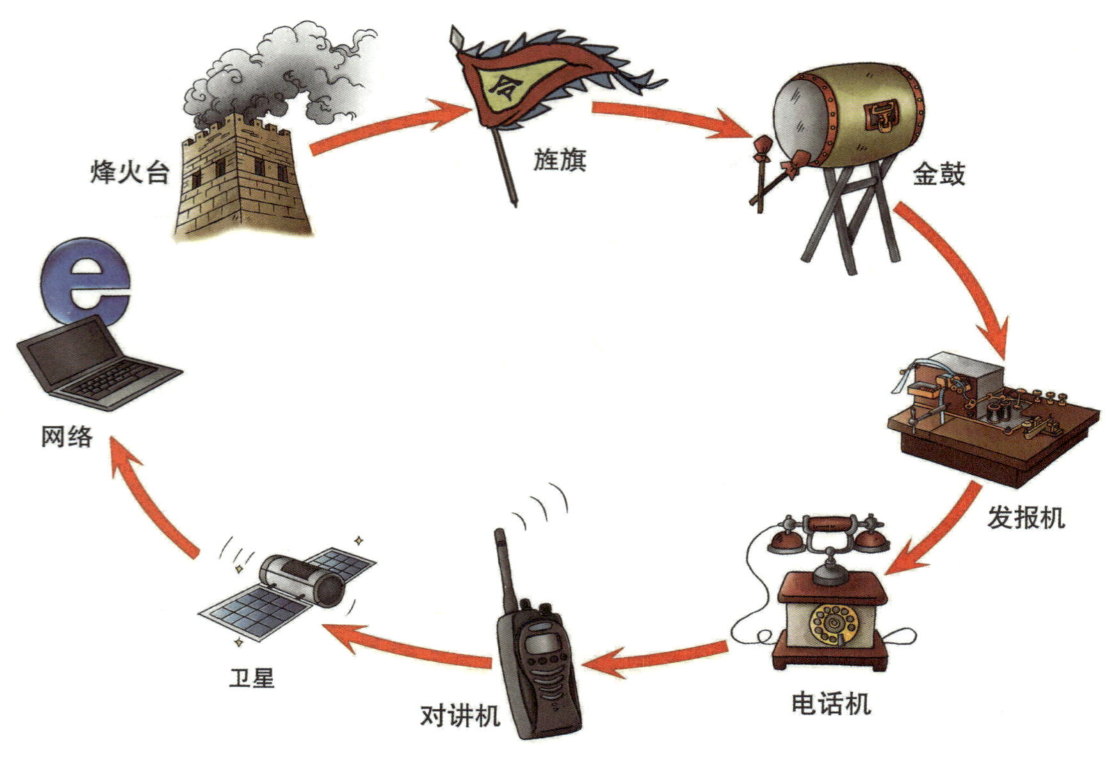

指挥战争的信号和工具演进过程

3 三军之众，可使必受敌而无败者，奇正是也： 统帅全军能够做到一旦遭到敌人突然袭击而不招致失败，这是因为运用了奇正的战术原则。三军，古代军队一般分为左、中、右三军，这里指全军。奇正，古代军事术语，从用于战斗的兵力分配的角度讲，正兵一般指钳制、主攻之兵，奇兵一般指担任突袭、策应之兵，以达到出其不意、攻其无备的效果。从作战方式的角度讲，正，指在预期的时间、预期的地点，以预期的方式对敌发动进攻。奇指以敌人预料不到超出常规的方式对敌发动进攻。正是一种用兵常法，奇是变法。

我们一战即退，把
敌人引入埋伏圈，
再首尾夹击！

4 兵之所加，如以碫投卵者，虚实是也：对敌作战，就像用石头砸鸡蛋一样让敌人瞬间溃败，这是因为正确运用了避实击虚的战术原则。兵之所加，军队进攻的地方。虚实，指通过兵力的分散集结，造成局部对敌的绝对优势。

孙先生，敌人防守如此严
密，我们该如何破敌呢？

如果能够做到避实击
虚，其效果就像拿石头
砸鸡蛋，敌人很容易就
会被打败！

以碫投卵，即用石头砸鸡蛋，形容敌人极易被打败。碫（duàn），磨刀石，这里泛指石头。卵，禽类下的蛋，泛指鸡蛋。虚实，古代军事术语，指敌方的内部情况和发展态势，这里指避实击虚的战术应用。

孙子认为，要想克敌制胜，必须正确运用好分数、形名、奇正和虚实四个管理和指挥要诀：分数以治众，即完善体制，各司其职；形名以斗众，即号令统一，密切协同；奇正以受敌，即奇正相生，灵活多变；虚实以加兵，即选择正确的进攻方向和进攻点，避实击虚，如碫投卵。

凡战者，以正合，以奇胜[1]。故善出奇者，无穷如天地，不竭如江海[2]。终而复始，日月是也。死而更生，四时是也[3]。声不过五，五声之变，不可胜听也[4]；色不过五，五色之变，不可胜观也[5]；味不过五，五味之变，不可胜尝也[6]；战势不过奇正，奇正之变，不可胜穷也[7]。奇正相生，如循环之无端，孰能穷之哉[8]！

通说

1 凡战者，以正合，以奇胜： 凡是作战指挥，都是用正兵迎敌，用奇兵取胜。正，正兵，主要用来正面对敌，钳制敌人。奇，奇兵，主要用来寻找敌人的弱点，出其不意，攻其不备。奇（qí），即出奇不意的意思，主要用来偷袭、策应。奇是多音字，读jī时特指机动部队。如果讨论的奇正战术，应读作qí。以奇胜，即出奇制胜，孙子强调兵者诡道，用兵唯一不变的规则就是变。只有打破常规，灵活多变，抓住敌人思维上的死角或战略盲点，出其不意，攻其不备，才能让敌人防不胜防，处处受制。

2 故善出奇者，无穷如天地，不竭如江海： 所以善于出奇制胜的将帅，其战术变化就

像天地那样无穷运行，就像江河那样永不枯竭。

3 **终而复始，日月是也。死而更生，四时是也：** 日出月落，周而复始，这是日月的运行方式；春去秋来，寒来暑往，这是四季的更替。这里用来说明奇正就像日月运行、四季更替一样无穷无尽，永不终止。

4 **声不过五，五声之变，不可胜听也：** 音律不过宫、商、角、徵（zhǐ）、羽五种，但五音的组合变化，永远也听不完。

5 色不过五，五色之变，不可胜观也： 颜色不过赤、黄、青、白、黑五种，然而五色的变化就看不胜看。

6 **味不过五，五味之变，不可胜尝也：**味道不过酸、甜、苦、辣、咸五种，但五味的组合变化，就永远也尝不完。

7 战势不过奇正，奇正之变，不可胜穷也： 用兵作战不过是奇和正两种战术，而奇和正两种作战战术的变化无穷无尽。战势不过奇正，即分兵应敌，正兵和正兵相互配合作战。

奇正战势犹如道家的太极，道生一，一生二，二生三，三生万物。奇正相互依存，相互对立，相互补充，相互配合，千变万化，可以演化出各种战法。

8 奇正相生，如循环之无端，孰能穷之哉： 奇和正的相互转化，就像圆环那样无始无终，无穷无尽。

这一段承接上文，重点"阐述"势的核心——"奇正"战术的原理。孙子用五声、五色、五味之变、日月运行、四季更替、圆环来做比喻，形象说明"以正合，以奇胜"的"奇正"战术的无穷变化和神奇效果。透彻地告诉我们，虽然"战势不过奇正"，如果将帅能够懂得奇正之变、"奇正"相生的奥妙所在，在指挥作战时就能够善于出奇，灵活多变，达到"三军之众，可使必受敌而无败"的境地。

激水之疾，至于漂石者，势也[1]；鸷鸟之疾，至于毁折者，节也[2]。故善战者，其势险，其节短[3]。势如彍弩，节如发机[4]。

通说

1 **激水之疾，至于漂石者，势也：**湍急的流水以飞快的速度奔泻、以至于能够冲走石块，这是因为充分利用水流的冲击力所带来的气势。激水，湍急的河水。疾，通"急"，指流动的速度快。漂，漂移。势，气势，指物质在高低落差大的时候快速运动所产生的冲击力。孙子用湍急的河水产生的巨大冲击力能够漂移石头做比喻，揭示"势"的含义，即运动的物质能积聚强大的势能，强调将帅在指挥军队作战时要充分借助地利的优势。

2 鸷鸟之疾，至于毁折者，节也：雄鹰从高空疾速俯冲而下，以至于能够捕杀鸟兽，这是因为它充分掌握了对节奏攻击的把握。鸷（zhì）鸟，一种凶猛的鸟，如鹰、隼。毁折，捕杀。节，控制俯冲的节奏，包括控制时机、速度、距离。太快或太慢都抓不到猎物，所以要掌握好攻击的节奏，对距离和速度的拿捏要恰到好处。

3 **故善战者，其势险，其节短：**善于指挥作战的将帅，能够造成像“激水之疾”那样险峻的态势，进攻时能像“鸷鸟之疾”一样节奏短促。

4 势如彍弩，节如发机：险峻的态势就像张满弦的弓弩，短促的节奏就像击发弩机。彍（guō）弩，弓弩。

孙子用“激水之疾”来比喻“势”，水是自然之物，之所以有强大的冲击力，是因为地势落差的原因，造成水流的速度加快，从而产生强大的冲击力。藉此说明将帅在用兵作战时要充分利用地利的优势，造成像“激水之疾”那样强大的冲击力和心理优势。

孙子接着用“鸷鸟之疾”来比喻“节”，鸷鸟在天空盘旋，之所以能够准确地捕杀地上的野兽，就在于它能充分把握出击的时机、速度和距离，这就是对进攻节奏的把握。藉此说明将帅在指挥作战时要充分把握出击的时机和距离，一旦时机成熟，就迅速出击，达到一种出其不意、攻其不备的效果。

孙子还用拉满弓弦、瞄准目标来描述“势险”和“节短”，用扣动弩机，一触即发来形容“势险”，用迅速射中目标来形容“节短”。要求将帅在造势时要险峻急迫，蓄势待发，在发起进攻时要迅猛干脆，让敌人来不及救援，来不及防备，一击制胜。

天下武功，唯快不破，孙子一贯主张兵贵神速，以快制慢，要把握战略节奏，该出手时，就出手。

纷纷纭纭，斗乱而不可乱；浑浑沌沌，形圆而不可败[1]。**乱生于治，怯生于勇，弱生于强**[2]。**治乱，数也；勇怯，势也；强弱，形也**[3]。

通说

1 **纷纷纭纭，斗乱而不可乱；浑浑沌沌，形圆而不可败：**旌旗纷纷，人马纭纭，双方混战，战场上事态万端，但自己的指挥、组织、阵脚不能乱；混混沌沌，迷迷蒙蒙，两军搅作一团，但胜利在我把握之中。纷纷纭纭和混混沌沌，都是用来形容战斗中非常混乱的景象。形圆，把部队部署为一种圆阵，此阵利于坚守，难以攻破。

2 **乱生于治，怯生于勇，弱生于强：**双方交战，一方混乱，是因为对方治军更严整：一方怯懦，是因为对方更勇敢；一方弱小，是因为对方更强大。

这句话还有两种解释，一种解释是军队是混乱还是严整，是组织编制的问题；士兵是勇敢还是怯懦，是战势的问题；战斗力是强大还是弱小，是实力的问题。乱与治、怯和勇、弱和强是辩证关系，是可以相互转化的，关键要看组织编制是否严密，战势是否险峻，实力是否强大。

还有一种理解，指制造一种假象来迷惑敌人，即示形和造势。示敌混乱是因为有严密的组织编制，示敌怯弱是因为有勇敢的素质，示敌弱小是因为有强大的实力。结合上下文的语境，笔者倾向第一种和第二种。乱与治、怯和勇、弱和强只有通过双方在实战中以及胜负的结果才能比较出来。

3 **治乱，数也；勇怯，势也；强弱，形也：**治乱取决于军队的组织和编制管理；勇怯取决于战势，即人为的态势和作战环境；强弱取决于军形，即双方的实力。治，指部队严整，有秩序。乱，指部队混乱，没有秩序。

孙子在这一段中揭示了战争的胜负取决于双方的治与乱、勇和怯以及强和弱。但军队的治与乱、勇怯和强弱是可以相互转化的，归根到底取决于数、势、形。

故善动敌者，形之，敌必从之；予之，敌必取之[1]；以利动之，以卒待之[2]。故善战者，求之于势，不责于人，故能择人而任势[3]。任势者，其战人也，如转木石[4]。木石之性，安则静，危则动，方则止，圆则行[5]。故善战人之势，如转圆石于千仞之山者，势也[6]。

通说

1 故善动敌者，形之，敌必从之；予之，敌必取之： 所以，要善于调动敌人，用假象迷惑敌人，敌人一定会上当；给敌人一些小利，敌人一定会上钩。形之，即示形动敌，制造各种假象迷惑敌人。之，指敌人。示之以形，予之以利，制造假象，迷惑敌人，调动敌人，迫使敌人做出错误判断，采取错误行动，孙子强调的是要充分发挥将帅的主观能动性，致人而不致于人。

2 以利动之，以卒待之： 用小利诱惑敌人上当，用优势兵力伺机破敌。待，即等待时机。

图说 孙子兵法 TUSHUO SUNZIBINGFA

3 **故善战者，求之于势，不责于人，故能择人而任势：**所以，善于指挥作战的将帅总是能够充分利用有利的作战态势而取得胜利，而不苛求指责部属，因此他能够选择正确的人去创造有利的作战态势。求，追求。任势，利用或创造有利的作战态势。孙子在这里强调战胜敌人要靠“势”而不是人，但“势”是靠人来创造的，所以人的主观能动性尤其重要，所以要选对人，才能做对事，这都是属于将帅的职责范围，考验的是将帅的识人眼光，用人水平，管人手段。

今拜孙先生为上将，望先生助本王辅佐社稷，振兴国家！

4 任势者，其战人也，如转木石： 能够创造有利的作战态势的将帅，他指挥军队作战，就像滚动圆木和巨石。

5 木石之性，安则静，危则动，方则止，圆则行： 圆木和巨石的特性，把它放在安稳的地方它就静止不动；放在陡峭不平的地方，它就会滚动。方正的木石放在哪里都不会滚动，圆形的木石放在哪里都会滚动。

孙子用木石来比喻军队，说明用兵就像转动木石，要充分利用其特性。

6 故善战人之势，如转圆石于千仞之山者，势也： 所以那些善于创造有利作战态势、用兵作战的人，就像在八百丈的高山上推动圆石、圆木往下滚落一样，这就是“势”。

孙子在上一篇用“决积水于千仞之溪”来比喻形，强调的是积蓄强大的物质力量，这里用“转圆石于千仞之山”来比喻势，强调的是重物运动的速度和冲击力。“转圆石于千仞之山”就是任势，只有创造这样的有利态势，才能达到四两拨千斤的效果。

孙子在《形篇》中强调，要“先为不可胜，以待敌之可胜”。强调用兵作战首先要充备实力，夯实物质基础，等待破敌的时机。如果敌人不犯错怎么办？所以这种等待不是被动的等待，将帅要充分发挥主观能动性，通过“示形”、“予利”等手段，调动敌人，迫使敌人犯错，主动创造机会。

除此以外，还要创造有利的作战态势，把握进攻的节奏和时机，才能战胜敌人。为此，孙子要求将帅要学会“求之于势而不责于人”，即“择人任势”。孙子认为，要想战胜敌人，靠的是“势”而不是人，但“势”是靠人来创造的，所以人的主观能动性最重要，因此作为将帅，要选对人，才能做对事，这都是属于将帅的职责范围，考验的是将帅的识人眼光，用人水平，管人手段。

最后，孙子总结全文，用“转木石于千仞之山”来比喻“势”，要想造势、顺势、任势，就必须选择正确的人，才能达到四两拨千斤的效果。

第六

虚实篇

什么叫虚实？“虚”指空虚，“实”就是充实。

从军事角度而言，就是在特定的时间或空间以某种相对合理的方式解决战争中的兵力配置以及相关资源保障问题，即孙子前文所说的众寡之用。

众寡之用，集中反映了将帅的指挥艺术的高低水平，众寡之用包括三个方面，即形（大体得失之数）、势（临敌进退之机）和虚实（因敌而制胜）。

《虚实篇》是《孙子兵法》一书中最重要的篇章，重点论述军事活动中要掌握“虚实”、转化“虚实”、运用“虚实”，以把握战争主动权的“致人而不致于人”的重要军事思想，提出“避实去虚”、“因敌制胜”的作战原则。孙子的虚实原则揭示了力量对抗的基本规律是强胜弱败，取胜之道千变万化，但万变不离其宗，即“避实击虚”。虚实原则集中体现了孙子军事思想的要旨和精义，贯穿了《孙子兵法》的始终。

孙子曰：凡先处战地而待敌者佚，后处战地而趋战者劳[1]，故善战者，致人而不致于人[2]。

能使敌人自至者，利之也[3]；能使敌人不得至者，害之也[4]，故敌佚能劳之，饱能饥之，安能动之[5]。出其所不趋，趋其所不意[6]。行千里而不劳者，行于无人之地也[7]。

通说

1 凡先处战地而待敌者佚，后处战地而趋战者劳：凡先占据战地而等待敌人的就从容、主动；后到达战地而仓促应战的就疲劳、被动。佚通逸，指时间充裕，能得到充分休整。劳，疲劳，指因时间仓促，不能得到充分休整。

2 故善战者，致人而不致于人：所以，善于用兵作战的人，能调动敌人而不被敌人所调动。

孙子强调要紧紧抓住战场的主动权，即牵住敌人的牛鼻子，抓住问题的主要矛盾，就可以掌握主动，避免被动。

3 能使敌人自至者，利之也：能让敌人自投罗网的，是用小利引诱的结果。

4 能使敌人不得至者，害之也：使敌人不能来犯，是因为给敌人制造麻烦，让其无法到达或者不敢到达。害，即形之以害，通过各种手段阻碍敌人，让敌人来不了。

比如在敌人的必经之路设伏，让敌人害怕遭到埋伏，损失巨大而不敢来。

比如把敌人必经之路损毁，桥梁拆除，在路上设置各种障碍，拖延敌人的时间，等等。

5 故敌佚能劳之，饱能饥之，安能动之： 所以，敌人如果休整得好就设法让他疲劳，敌人给养充足就设法使他饥饿，敌人驻扎安稳就设法让他移动。

孙子在这里强调虚实可以相互转化。

佚能劳之——佚者为实，劳者为虚。比如派小股部队昼夜不停去地骚扰敌人，敌人得不到充分休息，以致疲劳；饱能饥之——饱者为实，饥者为虚，如果敌人给养充足，就设法断其粮道，夺其粮草；安能动之——安者为实，动者为虚，比如敌人坚守不出，如果攻敌所必救，就可以调动敌人。虚实就是打破平衡，变被动为主动，让对手跟随着自己的节奏走，充分发挥己方的优势，同时打乱对方的战略布局，打乱对方的节奏。

6 出其所不趋，趋其所不意：出兵指向敌人无法救援的地方，行动要在敌人意料不到的方向。

对于这句话，有两个不同的版本。

一种是竹简本，为“出其所必趋，趋其所不意”，而十一家注版本和武经版本则为“出其所不趋，趋其所不意”。

有人提出不同的看法，认为“出其所必趋”比“出其所不趋”更合理，你出兵的地方是没有敌人防守的地方（没有军事价值）或敌人到不了的地方（岂不要扑空？），所以应该把“不趋”改为“必趋”。笔者觉得不应该改。我们结合下文来看，“行千里而不劳者，行于无人之地也”，之所以军行千里而不劳，是出其所不趋。如果必趋，如何能行于无人之地而不牢？后文还有“攻敌所必救”，则是出其所必趋，因此“必趋”和“必救”根本就是两回事。

7 行千里而不劳者，行于无人之地也：千里行军而不感到疲劳，因为走的是没有敌人设防或阻碍的地区。

这一段，孙子提出了虚实的核心原则，即致人而不致于人。强调掌握战争的主动权，争取主动，避免被动。所谓战争的主动权，就是指战场上的一切情况都是由己方控制，战与不战，或进或退都视自己情况而定。这就要求将帅要对特定的战场空间有透彻的了解，并根据天时、地利、人和等条件加以充分利用，并能根据战场情况的不断变化而做出适当的调整，因敌而变，多谋善断。

所谓的虚实，是指构成敌我双方的综合实力，也即影响战斗力的各种因素，虚实是对立统一的辩证关系，可以通过各种手段相互转化，即“佚能劳之”，“饱能饥之”，“安能动之”，其目的是让敌人由实变虚，从而达到“避实击虚”、“以众击寡”的制胜效果。

虚实既有静态的，也有动态的，结合前文，我们可以看出，“五事七计”是从静态角度分析敌我虚实，可以通过相敌、用间手段探知，但战场是动态的，是不停运动变化的，而虚实是可以相互转换的，所以还必须从动态的角度分析敌我虚实，即孙子的兵者诡道。

兵以诈立，动态的“虚实”就是指在军事行动中通过伪装、佯动，对敌进行战略、战术欺骗，使对方难以察觉甚至误判我方真实的战略企图，虚实的目的就是要让己方时时刻刻牢牢把握战场主动权，其关键又在于对虚实的转化方式和手段的运用。

“虚实”的意义非常丰富，在具体运用上更是变化万千、难以捉摸。

敌我双方虚实对比情况详见下表：

敌我双方的虚实对比

五事	七计	虚实对比		
道	君孰有道	国君无道为虚	国君有道为实	静态虚实
		人心涣散为虚	上下同欲为实	
		经济薄弱为虚	经济雄厚为实	
		仓促应战为虚	充分准备为实	
		任人唯亲为虚	举贤任能为实	
		人才匮乏为虚	人才济济为实	
天 地	天地孰得	失天时地利为虚	得天时地利为实	
将	将孰有能	将帅无能为虚	将帅有能为实	
		纸上谈兵为虚	指挥得当为实	
		贪生怕死为虚	有勇有谋为实	
		心中无数为虚	知己知彼为实	
		不辨东西为虚	知天知地为实	
法	法令孰行	徇私枉法为虚	执法严明为实	
		军纪涣散为虚	号令统一为实	
	兵众孰强	武器落后为虚	武器先进为实	
		缺兵少将为虚	人多势众为实	
		疲兵为虚	逸兵为实	
		兵力分散为虚	兵力集中为实	
		编制不全为虚	编制完善为实	
		粮草不足为虚	粮草充足为实	
		士气不振为虚	士气高昂为实	
		老弱残兵为虚	兵强马壮为实	
	士卒孰练	散兵游勇为虚	训练有素为实	
	赏罚孰明	赏罚失当为虚	赏罚分明为实	
兵者诡道	能而示之不能	不能为虚	能为实	动态虚实
	用而示之不用	不用为虚	用为实	
	远而示之近	近为虚	远为实	
	近而示之远	远为虚	近为实	

攻而必取者，攻其所不守也[1]；守而必固者，守其所不攻也[2]。故善攻者，敌不知其所守；善守者，敌不知其所攻[3]。微乎微乎，至于无形。神乎神乎，至于无声，故能为敌之司命[4]。

通说

1 攻而必取者，攻其所不守也： 进攻就一定能够占领的，是因为攻击的是敌人不注意防守或不易守住的地方。

2 守而必固者，守其所不攻也：防守就一定能够稳固的，是因为扼守的是敌人不敢进攻或不易攻破的地方。

唉，都打了三个月了，就是攻不下来！

越

孙将军，能守得住吗？

大王请放心，这是敌人唯一的进攻方向，我安排了重兵防守，敌人是攻不进来的！

3 **故善攻者，敌不知其所守；善守者，敌不知其所攻：**所以，善于进攻的军队，能使敌人不知怎样防守；善于防御的军队，能使敌人不知道怎样进攻。

4 **微乎微乎，至于无形。神乎神乎，至于无声，故能为敌之司命：**微妙呀！微妙到了极点，让敌人看不出一点形迹；神奇呀！神奇到极点，让敌人听不出一点声息。这样的将帅就能主宰敌人的命运。

这一段，孙子从攻守两端强调虚实对战争结果的重要影响——善于利用虚实，方能为“敌之司命”。

进而不可御者，冲其虚也[1]；退而不可追者，速而不可及也[2]。故我欲战，敌虽高垒深沟，不得不与我战者，攻其所必救也[3]；我不欲战，画地而守之，敌不得与我战者，乖其所之也[4]。

通说

1 **进而不可御者，冲其虚也：**我军进攻时，敌人就无法抵御，是因为冲击敌人空虚的地方。

我军

进攻

冲其虚

准备仓促

兵力不足

粮草不济

内部不和

流行瘟疫

……

敌军

2 **退而不可追者，速而不可及也：** 我军退却时，敌人无法追击，是因为我军退却的速度快，使敌人追赶不上。

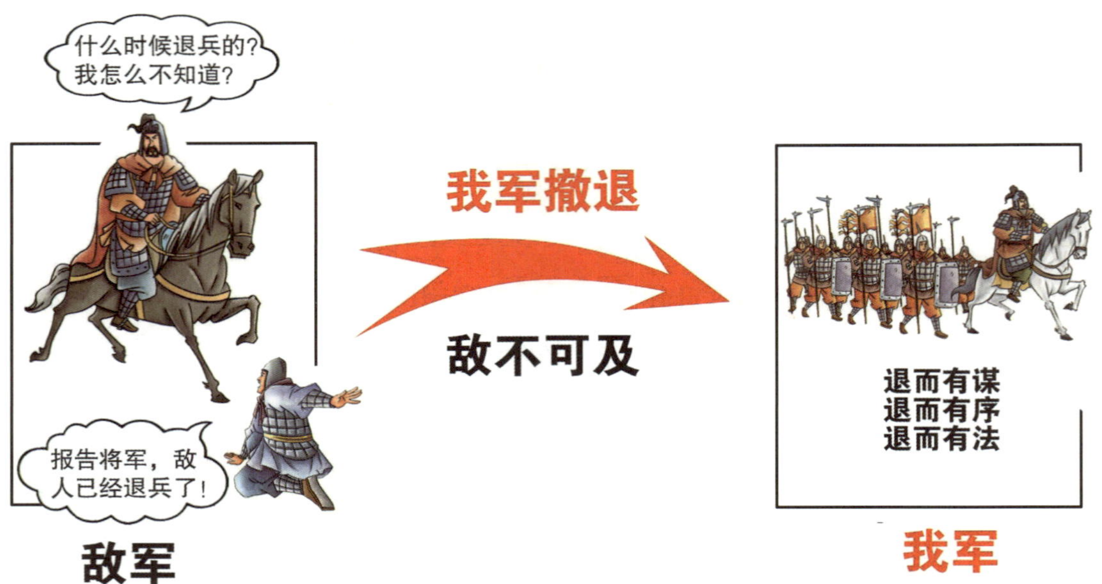

3 **我欲战，敌虽高垒深沟，不得不与我战者，攻其所必救也：** 我军想要求战，敌人即使坚守高垒深沟，也不得不脱离阵地和我军交战，那是因为我军进攻了敌人必救的地方。

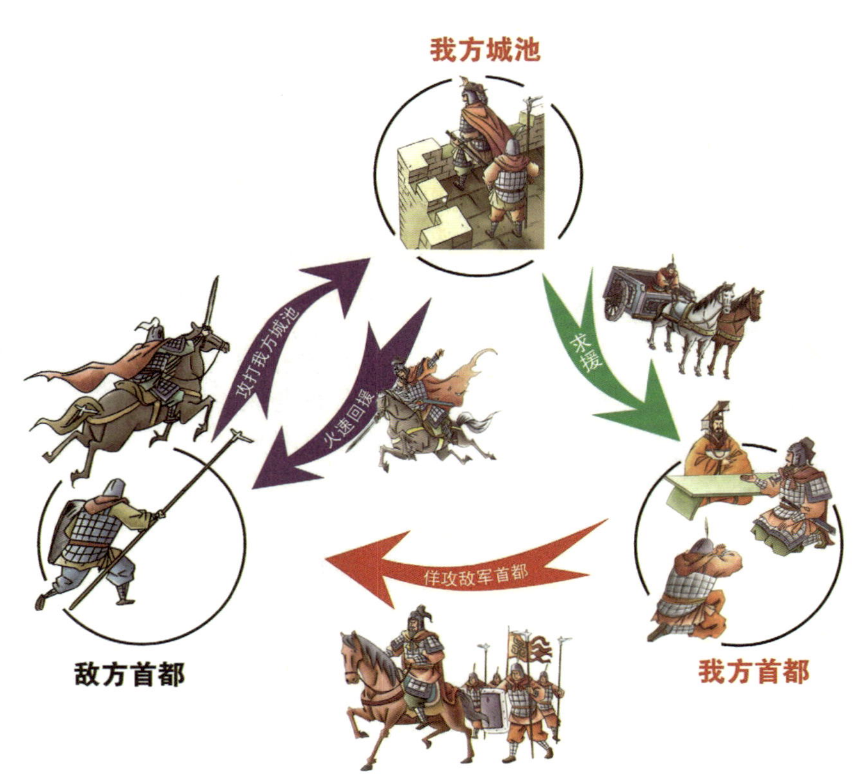

4 **我不欲战，画地而守之，敌不得与我战者，乖其所之也：**我军若不想交战，即便稍加防守，敌人也无法和我军作战，那是因为我军设法改变了敌人的进攻方向。画通划，画地而守，指在地上随意画出一道线作为防守的界限，意为稍加防守。乖，违背，改变。乖其所之，即改变他原来的进攻方向或预定的意图。

孙子在这一段强调选择正确的进攻方向“攻敌所必救”是调动敌人、抓住战场主动权、实现避实击虚的方法和途径，则战与不战，就可以完全在我，而不受敌人控制。

要想调动敌人，转化虚实，就不能墨守成规，跟着敌人的节奏，而是要反其道而行之，充分运用逆向思维，“攻敌所必救”，让敌人跟着我的节奏，则战与不战，可以随心所欲，其主动权完全由我方掌控。

故形人而我无形，则我专而敌分[1]。我专为一，敌分为十，是以十攻其一也，则我众而敌寡[2]；能以众击寡者，则吾之所与战者，约矣[3]。吾所与战之地不可知，不可知，则敌所备者多[4]；敌所备者多，则吾所与战者，寡矣[5]。故备前则后寡，备后则前寡[6]，备左则右寡，备右则左寡[7]，无所不备，则无所不寡[8]。寡者，备人者也[9]；众者，使人备己者也[10]。

通说

1 故形人而我无形，则我专而敌分： 所以，能掌握敌情而不让敌人掌握我军情况，这样我军就能集中兵力，而敌军则不得不分散兵力处处防备。形人，让敌人暴露形迹，从而掌握敌军的虚实。无形，不暴露形迹，让敌人猜不到我军虚实，才能实现避实击虚的目的。

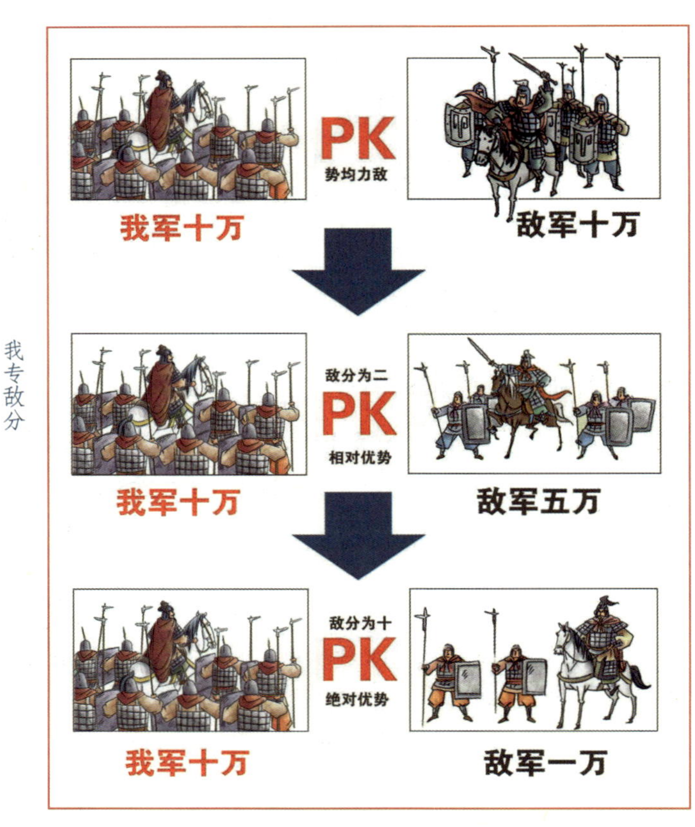

2 **我专为一，敌分为十，是以十攻其一也，则我众而敌寡：**我军集中兵力为一处，敌人兵力分散为十处，我军以绝对优势的兵力去攻击敌人，敌人就处于绝对的劣势。专，集中。十，泛指敌人兵力到处分散，不是确数。

3 **能以众击寡者，则吾之所与战者，约矣：**能够做到以众击寡，那么与我军作战的敌人就很少了。约，少。强胜弱败、优胜劣汰是战争的普遍规律。

4 **吾所与战之地不可知，不可知，则敌所备者多：**我军想要进攻的地方敌人一无所知，一无所知，那么敌人要防备的地方就多了。与战之地，即我军进攻的方向，战场。

5 **敌所备者多，则吾所与战者，寡矣：**敌人要防备的地方很多，那么我军要进攻的敌人就少了。寡，少。造成我众敌寡的关键在于分敌，如何分敌，则在于示形动敌。

6 **故备前则后寡，备后则前寡：**所以，防备了前面，后面的兵力就薄弱；防备了后面，前面的兵力就薄弱。

7 **备左则右寡，备右则左寡：**防备了左翼，右翼的兵力就薄弱；防备了右翼，左翼的兵力就薄弱。在特定的时间和战场空间，可资利用的作战资源是有限的，这些作战资源包括兵力、武器、后勤保障等，作战资源越分散，力量就越薄弱。

8 **无所不备，则无所不寡：** 处处防备就处处显得兵力薄弱。

9 **寡者，备人者也：** 敌人所以兵力薄弱，是因为处处防备的结果。敌分的结果就是敌寡，敌虚，兵力处于劣势。

10 **众者，使人备己者也：**我军兵力所以充足，是因为迫使敌人处处分兵防备的结果。我军兵力集中的结果就是我军兵力众多，我实，兵力处于优势。以众击寡，以实击虚，方能取胜。

这一段孙子强调，要实现避实击虚、以众击寡的目的，就必须设法让敌人兵力分散，如何让敌人兵力分散呢？即“形人而我无形”。我知道敌人的虚实，敌人不知道我的虚实，从而处处设防，兵力分散。

孙子认为，通过“形人而我无形的手段”，就可以转化敌人的虚实，从而使“我专敌分”，达到以优势兵力击败敌人的目的。

故知战之地，知战之日，则可千里而会战[1]。不知战地，不知战日[2]，则左不能救右，右不能救左[3]，前不能救后，后不能救前[4]，而况远者数十里，近者数里乎[5]？

通说

1 **故知战之地，知战之日，则可千里而会战：**所以，能够预知交战的地点，交战的日期，即使奔袭千里也可以和敌人作战。

2 **不知战地，不知战日：**不能预知交战的地点，交战的时间。

3 **则左不能救右，右不能救左：**左翼不能救援右翼，右翼不能救援左翼。

4 **前不能救后，后不能救前：** 军队前后方无法相互救援。

5 **而况远者数十里，近者数里乎：** 何况远在数十里，近在数里呢？

这一段孙子揭示了知战之地、知战之日对于取得战争胜利的重要性，同时也指出了不知战地、不知战日的巨大危害。作为统兵的将帅，不仅要知己知彼，知天（天时）知地（地利），还要知战之地（地点），知战之日，即要充分了解敌情。如何充分了解敌情，孙子在下文指出了四个途径：策之、作之、形之和角之。

以吾度之[1]，越人之兵虽多，亦奚益于胜败哉[2]？

通说

1 **以吾度之：** 依我分析。度（duó），分析，判断。

2 **越人之兵虽多，亦奚益于胜败哉：** 越国的兵力虽然很多，对于战争的胜败又有什么补益呢？越人，越国。奚，何。益，补益，帮助。

这一段揭示了孙子是站在吴国的立场，以越国为假想敌，替吴国出谋划策。春秋晚期，吴越争霸，战争前后延续了二十多年。公元前494年，吴国征伐越国，越国战败，越王勾践被俘。吴王夫差没有接受伍子胥以及孙武杀勾践以绝后患的忠告，放勾践回国。勾践回国后，在文种、范蠡的辅佐下，卧薪尝胆，富国强兵，于公元前472年打败吴国，吴王夫差自杀，吴灭。

故曰：胜可为也[1]。敌虽众，可使无斗[2]。故策之而知得失之计[3]，作之而知动静之理[4]，形之而知死生之地[5]，角之而知有余不足之处[6]。

通说

1 **胜可为也：** 胜利是可以主动争取的。孙子在《形篇》说，“胜可知而不可为”，这里又说“胜可为”，是前后矛盾吗？其实这两种说法并不矛盾。胜可知而不可为是从形的角度而言，本篇的“胜可为”是从“势”的角度而言。“形”是大体得失之数，即军事实力，这个不能吹牛，不能弄虚作假，到了战场就全暴露了，当然“不可为”；“势”是临敌进退之机，因利而权变，是因敌而设，随机应变，当然“可为”。“形”和“势”是同一事物的两个方面，“形”是基础，“势”是发挥。比如“先为不可胜，以待敌之可胜”，要想取得胜利，先要做到立于不败之地。如何立于不败之地？就是“形”的问题，即充实力量，做好准备，然后等待敌人犯错，抓住机会，一击而胜。敌人不主动犯错怎么办？就是“势”的问题，即通过示形、造势，迫使敌人犯错。

2 敌虽众，可使无斗：敌军虽多，可以设法使其丧失战斗能力。无斗，丧失战斗力。

3 策之而知得失之计：通过分析敌情可以了解敌人作战计划的优劣。策，策划，分析，估算。得失之计，指对敌作战计划的优劣。通过对比敌我双方的作战计划，分析优劣，弥补不足。

4 作之而知动静之理： 通过侦察可以了解敌人的行动规律。作，侦察、刺探。理，规律。要想充分了解敌情，抵近侦察是一个办法，即孙子所说的相敌。

5 形之而知死生之地： 通过兵力的部署了解敌我双方所处地形的优劣。形之，指下文的形兵而非示形，即兵力的部署。死生之地，即死地和生地。对作战有利的地形为生地，对作战不利的地形为死地。

6 角之而知有余不足之处： 通过实际较量可以了解敌人的强弱和虚实。角（jué），较量，比试。有余、不足，指的是兵力的多寡、强弱，也即虚实。实际较量的手段比较直接，可以直观发现敌人的虚实，但也不能排除敌人通过示形的办法，即故意示弱来迷惑我们。

孙子认为，只有知虚实，才能胜可为。

如何知敌之虚实？孙子给我们提供了四个方法和途径，一是策之，即通过计算、分析摸清敌人作战计划的优劣，二是通过侦察摸清敌人的行动规律，三是通过兵力部署摸清敌人所处地形于我有利还是不利，四是通过实际的较量摸清敌人的强弱和虚实。

通过这四种途径，就可以充分了解敌情，做到“敌虽众，可使无斗”。

策之、形之、作之、角之是了解敌情的四种方式和途径，这是针对明战而言。除此之外，还可以通过间谍去刺探敌人的情报，这是暗战的手段，孙子在《用间篇》会讲到，这个是更重要、更有效的手段。

将军，这一仗下来，俘虏了敌军1 000多人，竟然有数十人是伙夫。
看来敌军的兵力已经严重不足了！

故形兵之极，至于无形[1]。无形，则深间不能窥，智者不能谋[2]。因形而错胜于众，众不能知[3]；人皆知我所以胜之形，而莫知吾所以制胜之形[4]。故其战胜不复，而应形于无穷[5]。

通说

1 故形兵之极，至于无形： 因此，伪装到最高明的境界，能让敌人看不出任何形迹。形兵，即示形，用伪装的假象迷惑敌人。无形，没有任何形迹可察，寓指示形的手段变化多端，使敌人无从判断其真实性。

2 无形，则深间不能窥，智者不能谋： 因为没有任何形迹可察，所以即使隐藏很深的间谍也不能窥探其中的底细，再聪明的敌人也想不出对付的办法。深间，隐藏很深的间谍。

3 因形而错胜于众，众不能知： 根据敌情的变化而采取灵活的应变措施，因而能够战胜敌人，人们根本看不出其中的奥妙。错通措，放置，安置。

4 人皆知我所以胜之形，而莫知吾所以制胜之形： 人们都知道我战胜敌人的方法和措施，却不知道我是如何根据敌人的虚实来灵活制定这些方法和措施而战胜敌人的。胜之形，指克敌制胜的情况，这里指方法和措施。制胜之形，指取胜的奥妙，规律。外行看的是热闹，内行看的是门道，其门道就是避实击虚。

5 故其战胜不复，而应形于无穷： 因此，取胜的方法不重复，而是能够根据敌情灵活应变。复，重复，没有变化。应形，适应敌形，根据敌情变化而采取相应措施，灵活应变。

孙子认为，将帅在指挥作战时，通过藏无形，应形与无穷，将示形发挥到极点的是无形，让对手无迹可循，根本找不到应对的方法和措施，从而胜于无形，这是将帅应该达到的或追求的一种战争艺术，一种至高境界，也是对将帅的军事指挥才能提出的一种军事要求。

夫兵形象水，水之形，避高而趋下[1]，兵之形，避实而击虚[2]。水因地而制流，兵因敌而制胜[3]。故兵无常势，水无常形，能因敌变化而取胜者，谓之神[4]。

故五行无常胜[5]，四时无常位[6]，日有短长，月有死生[7]。

通说

1 **兵形象水，水之形，避高而趋下：**用兵作战的规则就像水一样，水的特性是顺应地势，从高处往低处流动。水之形，水的活动形态、特性。

2 **兵之形，避实而击虚：**用兵作战的规律是避开敌人的坚实之处，袭击敌人的薄弱环节。兵之形，用兵打仗的方式、方法、规律。

3 **水因地而制流，兵因敌而制胜：**水流的方向受地势的高低制约，用兵作战的取胜方法则根据敌情的不同变化来决定。制，制约、决定。制胜，制服敌人以取胜。

4 **故兵无常势，水无常形，能因敌变化而取胜者，谓之神：**所以，用兵打仗没有一成不变的模式，就像水流没有一成不变的形态一样，那些能够根据敌情的变化而赢得胜利的将帅，才能称之为用兵如神。势，态势，模式，方式。

5 故五行无常胜：因此，金、木、水、火、土五行相生相克，没有哪一种总是起到制约作用。

6 四时无常位：春、夏、秋、冬四季不断更替，没有哪一季是固定不变的。

7 日有短长，月有死生：白天有长有短，月亮有缺有圆。这都是自然现象和自然规律。

孙子用水来喻兵，实在是太形象，太深刻，思想太伟大了。水无常形，其核心是变，水因地势而变，只要有一丝缝隙、一点漏洞，就能渗透进去。用兵作战也是如此，百密尚有一疏，是人都会有疏忽，有漏洞，都会犯错，所以用兵要像水一样，能善于抓住这些疏忽和漏洞，从而有效打击敌人。

最后孙子总结全文，以五行相生相克、四季不断交替更迭来说明虚实的不断变化，解释制胜的规律，即根据客观条件，通过不断的战术要求，达到避实击虚的目的。

第七

军争篇

所谓军争，指敌我双方争夺制胜的有利条件，掌握作战主动权。只有掌握战争的主动权，则行军的路线、进攻的时间、进攻的目标、进攻的规模、进攻目的等，才能都由我方掌握。

本篇重点阐述了将帅在军争中必须把握的一个重要原则——迂直之计，其核心是“以迂为直，以患为利”。

在激烈的军事对抗中，为了战胜对手，敌我双方都会想方设法去干扰对手的计划，阻碍对手的行动，拖延对手的时间，降低对手的效率。因此，迂直之计与路线的选择有关，与行军速度有关，与成本和效率有关。作为将帅，要懂得权衡利弊，学会选择和取舍，通过迂回的途径，变不利为有利，从而达到径直的目的。

孙子曰：凡用兵之法，将受命于君，合军聚众，交和而舍，莫难于军争[1]。军争之难者，以迂为直，以患为利[2]。故迂其途，而诱之以利，后人发，先人至[3]，此知迂直之计者也[4]。

通说

1 凡用兵之法，将受命于君，合军聚众，交和而舍，莫难于军争： 大凡用兵作战的一般原则是，从将帅接受国君的命令，到动员民众，组织军队，再到和敌人对阵，这其中没有比两军争夺先机之利更困难的了。合，聚集。交合而舍，两军对垒。交，接触。和，和门，即军门。舍，扎营。

孙子强调在军事行动的全过程中，军争最难。军争争什么？当然是争利，即争夺制胜的有利条件，也即有利的作战态势和作战时机。

2 军争之难者，以迂为直，以患为利： 争夺制胜条件最困难的地方，就是怎样把迂回的道路变为直路，把困难变为有利条件。迂，曲直，迂远。

上图中，如果想要比敌人抢先到达指定战场，争取有利的作战态势，有三条道路可供选择：

第一条路：陆路，距离战场最近，道路平坦，速度最快，但途中有敌人的重兵把守。

第二条路：水路，距离战场较远，有少量敌军把守，但桥梁已被敌人破坏，架桥耽误时间，同时也会被敌人干扰。

第三条路：山路，离战场最远，道路崎岖难行，是敌人预料不到的行军路线，所以没有敌人看守。

作为将军，你会选择走哪条路，才能确保比敌人抢先到达战场？

作为将帅，不要幻想走捷径，而是要权衡利弊，学会选择和取舍，通过迂回的途径，变不利为有利，达到径直的目的。

3 迂其途，而诱之以利，后人发，先人至：故意走迂回的道路，并用小利引诱敌人改变方向，就可以做到比敌人后出发，却能比敌人先到达战略要地。

在激烈的军事对抗中，为了战胜对手，敌我双方都会想方设法去干扰对手的计划，阻碍对手的行动，拖延对手的时间，降低对手的效率。所以我军要想比敌人抢先到达战场，在选择正确行军路线的同时，还要迂敌、诱敌，运用各种手段干扰敌人，配合军事行动。

4 此知迂直之计者也：这才是真正懂得以迂为直的计谋。迂直之计与路线的选择有关，与行军速度有关，与成本和效率有关，关键在于权衡利弊，懂得取舍。

"以迂为直，以患为利"是对立统一的辩证关系。孙子认为，部队行军，当然是两点一线最短，最直接，但直接的办法往往会遭遇更多的抵抗，付出更多的代价，根本行不通。那么，有时选择走迂回的道路，即间接路线，却能收到出乎意料的效果。看似绕远，但是如果敌人没有设防，就可以避免敌人牵制，抢先占领预定战场的战略要地，以逸待劳。绕远行军表面上不利，实际上有利。

"迂直之计"与行军路线的选择有关，与行军速度有关，与成本和效率有关，因此要求将帅能辩证地看待军争中的利与危，权衡利弊，计算得失，适当取舍，做到"以迂为直，以患为利"。

迂直之计不仅我军可以用，也可以反其道而行之，用在敌人身上，即用小利引诱敌人故意绕远（以直为迂），走向歧途，变利为害，其目的是后人发，先人至。

故军争为利，军争为危[1]。举军而争利，则不及[2]，委军而争利，则辎重捐[3]。是故卷甲而趋[4]，日夜不处，倍道兼行[5]，百里而争利[6]，则擒三将军[7]，劲者先，疲者后，其法十一而至[8]；五十里而争利，则蹶上将军，其法半至[9]；三十里而争利，则三分之二至[10]。是故军无辎重则亡，无粮食则亡，无委积则亡[11]。

通说

1 故军争为利，军争为危：所以争取制胜的有利条件，既有有利的一面，也有危险的一面。

2 举军而争利，则不及：如果全军带着装备、辎重去争利，那么就不能及时到达预定的地域。举，全。不计，不能及时到达。部队受装备、辎重所累，影响行军速度。

3 委军而争利，则辎重捐：如果丢弃装备辎重轻装前进去争利，那么辎重就会受到损失。委，丢弃。辎重，古代军事用语，表示运输部队携带的军械、粮草、被服等物资。捐，损失。

4 **卷甲而趋**：卷起盔甲，轻装急行军。卷，卷起，收藏。甲，盔甲。趋，急行军。

5 **日夜不处，倍道兼行**：昼夜兼程，不停地连续行军。处，停止，休息。倍道，加倍的速度行军。

6 **百里而争利**：强行军到百里以外里去与敌人争利。百里，古代长度单位，约等于现在的83里。

7 **则擒三将军**：三军的将帅都会被俘虏。三将军，指三军的将帅。春秋时期，大国的军队一般设左、中、右三军，每军12 500人左右。

8 **劲者先，疲者后，其法十一而至**：身体强壮的士卒先到，疲弱的士卒就会掉队，这样做（急行军100里去争利）的结果，三军只有十分之一的兵力能到位。劲：指身体强壮的士卒。

9 **五十里而争利，则蹶上将军，其法半至**：急行军50里去与敌人争利，先头部队的主将就会受挫折，这样做的结果是只有一半的兵力能够到位。五十里，约等于现在的42里。蹶，挫折、损折。上将军，先头部队的统帅。

10 **三十里而争利，则三分之二至**：正常速度行军30里去争利，只有三分之二的兵力能够到位。三十里，约等于现在的25里。古代30里为一舍，每天行军30里是常规的行军速度。

11 **是故军无辎重则亡，无粮食则亡，无委积则亡**：因此，军队没有随军辎重就无法生存，没有粮食供应就无法生存，没有物资补充就难以生存。委积，泛指军用物资储备和补充。

孙子在这一段中从三个方面论述了军争的利与害，也即由行军速度导致的利与害。

其一是速度与辎重的问题，其二是速度与协同的问题，其三是速度与后勤保障的问题。见下表：

行军速度的利与害

行军速度	利	害
速度与辎重的矛盾	有辎重（举军争利）	受辎重所累，速度慢（则不及）
	无辎重（委军争利）	虽然速度快，但辎重丢了（辎重捐）
速度与协同的矛盾	强行军（100里争利）	兵力十分之一到达（十分之九掉队，擒三将军）
	急行军（50里争利）	兵力二分之一到达（二分之一掉队，蹶上将军）
	常行军（30里争利）	兵力三分之二到达（三分之一掉队）
速度与后勤保障的矛盾	速度慢，后勤保障有力	速度快，后勤保障不力（军无辎重则亡，无粮食则亡，无委积则亡）

军争既有利也有害，面对速度与辎重、速度与协同、速度与后勤保障的两难选择，要求将帅能做出恰当的风险评估，充分利用迂直之计，选择最佳的行军速度，因地制宜，因敌制宜，以患为利。

故不知诸侯之谋者，不能豫交[1]；不知山林、险阻、沮泽之形者，不能行军[2]；不用乡导者，不能得地利[3]。

通说

1 故不知诸侯之谋者，不能豫交： 因此，如果不知道沿途各个诸侯国的政治意图，就不能贸然结交。豫，通与。春秋时期诸侯国大小林立，关系错综复杂，想要征伐别国，有时甚至需要借道，当然要先了解周边其他国家的想法和意图。

2 不知山林、险阻、沮泽之形者，不能行军： 不了解山林、险阻和沼泽的地形分布，不能行军布阵。山林，指山地和森林。险阻，指悬崖峭壁、道路不通的地形。沮泽，指沼泽等低湿之地。

3 不用乡导者，不能得地利： 不用向导引路，就不能得到地势之利。

孙子在此一段中论述的是军争中在行军路线选择上的“利”与“害”，选择行军路线有三个原则：

其一是要了解周边或行军沿途诸侯国的政治意图，从而有针对性地做好外交工作。

其二是要了解行军路线中的地形地貌，选择最佳路线，避免山林、险阻、沼泽等不利行军布阵的路线。

其三是要重视向导的作用，利用向导了解和掌握有利地形。

这三条原则的宗旨是了解迂直之计，掌握利害，以患为利。

行军路线的利与害

	利	害
行军路线	知道沿途诸侯国的政治意图，就可有针对性地开展外交工作，以求得支援	不知道沿途诸侯国的政治意图，就不能有针对性地开展外交工作，无法求得支援（不知诸侯之谋，不可与交）
	知道沿途的地形地貌，会给行军布阵带来便利	不知道沿途的地形地貌，会给行军布阵带来困难（不知山林、险阻、沮泽之形者，不能行军）
	用向导，就能更快了解和占领有利地形	不用向导，就不能更快了解和占领有利地形（不用乡导者，不能得地利）

故兵以诈立[1]，以利动[2]，以分合为变者也[3]。故其疾如风[4]，其徐如林[5]，侵掠如火[6]，不动如山[7]，难知如阴[8]，动如雷震[9]。掠乡分众，廓地分利[10]，悬权而动[11]。先知迂直之计者胜，此军争之法也[12]。

通说

1 **故兵以诈立：** 因此，用兵作战要用灵活多变的战术取胜。诈，指设陷、设伏、用奇等多变灵活的用兵方法，这与《三十六计》中欺诈、欺骗等有违道义的方式是两码事。

2 **以利动：** 以是否有利于制胜作为行动原则。

3 **以分合为变者也：** 根据敌情灵活采取兵力上的分散和集结的战术变化。分，分散兵力。合，集中兵力。分合，指兵力的分配，即前文所说的奇正和虚实。变，指根据不同情况变换战术。

4 **其疾如风：** 军队在行动时，要像疾风一样迅速而没有痕迹。

5 其徐如林：军队在开进时，要像树林一样队列严整，井然有序。

6 侵掠如火：军队在进攻时，要像烈火一样迅猛。侵，越境进犯。掠，掠夺物资。侵掠，指对敌发动进攻。

7 **不动如山：**军队在防守时，要像山岳一样不可撼动。

8 难知如阴：军队在隐蔽时，要像阴天一样难以窥探虚实。阴，天气阴晦，看不见日月星辰。

9 动如雷震：军队在冲锋时，要像雷电一样声势浩大，不可阻挡。

10 **掠乡分众，廓地分利：**掳掠敌国的乡邑，分配掳掠的人口，占领敌人的土地，分配掳掠的财物。乡，都城以外为乡。众，指住在敌国乡邑的人口，廓，通扩。廓地，指扩张领土。

11 **悬权而动：**衡量利害得失，然后再采取有利行动。权，原意指秤砣，这里指衡量的意思。

12 **先知迂直之计者胜，此军争之法也：**懂得迂直之计的将帅就能取胜，这就是军争的原则和方法。

孙子在这一段论述军争的三个作战指导原则，即兵以诈立、兵以利动和兵以分合为变，这三个原则的立足点是迂直之计。

如何贯彻迂直之计呢？孙子提出了具体的行动要求，即疾如风、徐如林、掠如火、静如山、藏如阴、动如雷。

《军政》[1]曰："言不相闻，故为之金鼓[2]；视不相见，故为之旌旗[3]。"夫金鼓旌旗者，所以一人之耳目也[4]。人既专一，则勇者不得独进，怯者不得独退[5]，此用众之法也。故夜战多火鼓[6]，昼战多旌旗[7]，所以变人之耳目也[8]。

通说

1 **《军政》：**上古兵书，已失传。

2 **言不相闻，故为之金鼓：**在战场上用语言指挥，上下级之间听不到，所以设置了金鼓作为军队指挥联络的信号。

3 **视不相见，故为之旌旗：**作战中用动作指挥各部队之间看不到，所以设置旌旗作为军队指挥联络的信号。

4 **金鼓旌旗者，所以一人之耳目也：**金鼓、旌旗是用来统一士卒的视听，统一作战行动的。金鼓和旌旗，即前文所说的形名，指军队的指挥和联络系统。一，统一。耳目，耳朵听到的和眼睛看到的。

5 **人既专一，则勇者不得独进，怯者不得独退：**既然全军都服从统一指挥，那么勇敢的将士就不会单独冒进，胆怯的将士也不会独自后退了。

6 **夜战多火鼓：**夜间作战要多用火光和锣鼓。

7 **昼战多旌旗：**白天作战要多用旌旗。

8 **所以变人之耳目也：**这样做的目的是混淆敌方的耳目视听。变，改变，混淆。

孙子在这一段主要论述金鼓旌旗（形名）在指挥军队作战中的重要作用（用众之法），同样围绕"以迂为直、以患为利"的中心展开。金鼓、旌旗既可以统一我方的耳目视听，也可以扰乱敌方的耳目视听。同样，敌人也可以用此法来扰乱我方的耳目视听。

故三军可夺气[1]，将军可夺心[2]。是故朝气锐，昼气惰，暮气归[3]。善用兵者，避其锐气，击其惰归，此治气者也[4]。以治待乱，以静待哗，此治心者也[5]。以近待远，以佚待劳，以饱待饥，此治力者也[6]。无邀正正之旗，无击堂堂之阵，此治变者也[7]。

通说

1 **故三军可夺气：** 对于敌人的军队，可以打击它的士气。气，士气，锐气。夺，剥夺，这里引申为打击。

2 **将军可夺心：** 对于敌军的将领，可以动摇他的决心。心，决心、意志。夺，剥夺，这里引申为动摇。

3 **朝气锐，昼气惰，暮气归：** 军队刚投入战斗时，士气旺盛，过了一段时间，士气逐渐懈怠，到了最后，士气就完全衰竭了。朝，早晨，比喻初始阶段。昼，中午，比喻中间阶段。惰，松懈，懈怠。暮，傍晚，比喻最终阶段。归，尽。

4 **避其锐气，击其惰归，此治气者也：** 避开士气旺盛的敌人，等其士气逐渐懈怠和完全衰竭的时候再去攻击，这就是掌握士气的方法。

必胜！
必胜！必胜！必胜！

5 以治待乱，以静待哗，此治心者也：我方以严整有序对付敌人的混乱无序，以沉着冷静去对付敌人鼓噪喧哗，这就是掌握将帅心理的方法。治，整治。待，等待，对付。乱，混乱，不严整。哗，鼓噪喧哗，骚动不安。

6 以近待远，以佚待劳，以饱待饥，此治力者也： 我方先到达战场去对付远道而来的敌人，以休整安逸对付奔走疲劳的敌人，以吃饱喝足对付饥饿不堪的敌人，这就是掌握军队战斗力的方法。

7 **无邀正正之旗，无击堂堂之阵，此治变者也：**不要去拦击旗帜整齐、部署周密的敌人，不要去攻击阵容整齐、兵力强大的敌人，这就是掌握灵活应变的方法。邀，截击，拦击。正正，严整的样子。堂堂，壮大。

孙子在这一段重点论述军争中治兵的四个要诀，即治气、治心、治力和治变。

克劳塞维茨说过，在战斗中，士兵精神力量的损失是导致战败的主要原因。

一支军队士气的高低，直接影响其战斗力的发挥，影响战争的胜负结果。

作为将帅，不仅要重视提高士兵的士气，还要设法打击敌人的士气。通过治己之气则可以夺敌之气，治己之心则可以夺敌之心，治己之力则可以夺敌之力；治己之变则可以夺敌之变，从而达到避实击虚的效果。

故用兵之法[1]，高陵勿向[2]，背丘勿逆[3]，佯北勿从[4]，锐卒勿攻[5]，饵兵勿食[6]，归师勿遏[7]，围师遗阙[8]，穷寇勿迫[9]，此用兵之法也。

通说

1 **故用兵之法：**因此，用兵作战的一般原则。

2 **高陵勿向：**敌人占据高地，不宜仰攻。向，仰看。高陵勿向是因为敌人已经占据地利优势，则不能强攻，否则会带来巨大伤亡。

图说 孙子兵法 TUSHUO SUNZIBINGFA

3 **背丘勿逆：**敌人背靠丘陵险阻，不宜正面进攻。逆，自下而上进攻。背丘勿逆的道理与高陵勿向相通。

4 佯北勿从：敌人假装败退，不宜追击。佯，假装。北，败。佯北勿从是因为恐有敌人设伏。

5 锐卒勿攻：敌人的精锐和主力，不宜强攻。锐卒勿攻是避实击虚。

6 饵兵勿食：敌人用小利来引诱，不要上当。饵，诱饵。饵兵勿食的道理与佯北勿从相通。

7 归师勿遏： 敌人退还本国，不宜截击。遏，拦阻，截击。归师勿遏是因为敌人思归心切，如遇阻截，则会拼命死战。

归师勿遏，撤！

国境

8 围师遗阙：敌人被包围，要留一个缺口。遗，留。阙，通缺，缺口。围师遗阙是给敌人逃生的希望，瓦解敌人的意志和决心，避免敌人困兽犹斗，还可以在遗阙外设伏，引敌人上当。

9 穷寇勿迫： 敌人陷入绝境，不宜过分逼迫。穷，困厄。穷寇勿迫是以防敌人垂死挣扎。

孙子在这一段提出用兵八忌。面对这八种情况，将帅还是要以迂直之计为指导原则，充分衡量其中的利弊得失，懂得取舍，学会放弃。

第八

九变篇

“九变”即灵活多变的意思，指军事行动要权衡利害，灵活多变，不可偏执和教条。

本篇主要论述在行军作战的过程中要根据具体情况权衡利害，采取灵活多变的战术，才可以趋利避害，从而赢得战争的胜利。在复杂的战场形势下，偏执和教条是将帅的大忌（将有五危），会导致“覆军杀将”的严重后果，只有把握全局，灵活变通，学会取舍，学会拒绝，不为眼前小利所动，才能适应战场条件和战场环境的不断变化。

图说 孙子兵法

孙子曰：凡用兵之法，将受命于君，合军聚众[1]。圮地无舍[2]，衢地交合[3]，绝地无留[4]，围地则谋[5]，死地则战[6]。

涂有所不由[7]，军有所不击[8]，城有所不攻[9]，地有所不争[10]，君命有所不受[11]。

故将通于九变之地利者，知用兵矣[12]；将不通于九变之利者，虽知地形，不能得地之利者矣。治兵不知九变之术，虽知五利，不能得人之用矣[13]。

通说

1 凡用兵之法，将受命于君，合军聚众： 大凡用兵作战的一般原则是，将帅接受国君的命令，首先动员民众，征集兵员，编成军队，然后才能出征。

2 圮地无舍： 在圮地不能宿营。圮地，指被水冲击、毁坏的潮湿低洼地区，也指山林、险阻、沮泽等难以行军的地区。舍，驻扎，宿营。军队在潮湿低洼地区驻扎，士兵容易生病，遇敌袭击，也不利于军队展开行动，更有被水再次冲击的危险。

3 衢地交合：在衢地要结交邻国。衢地，指多国交界、交通便利、四通八达的地区。交合，结交邻国，作为后援，孤立敌人。

4 绝地无留：在绝地不可停留。绝地，指交通困难，没有水草，军队难以生存的地区，也指那些地形险要、一旦遇敌则进退两难的地区。

5 围地则谋：军队围地，要设计摆脱困境。围地，指四面险阻，进退困难，容易被包围的地区。

6 死地则战：军队陷入死地要奋勇作战以求生存。死地，指走投无路的地区。士兵在走投无路的时候往往会激发求生的勇气和本能，发挥更强大的战斗力。所以，将帅有时候会故意把士兵投之死地，藉此激发他们潜藏的战斗能量，从而打败敌人。项羽破釜沉舟就是典型战例。

7 涂有所不由：有的道路不宜通过。涂，通途，指道路。由，从，通过。有的道路容易遭到埋伏或重兵阻挠，有的道路容易暴露作战意图，所以在行军的路线选择上，要慎之又慎。

8 军有所不击：有的敌军不宜攻击。军，敌军。不是见到所有的敌人都要攻击，而是要权衡利弊，懂得取舍，对全局有利就去攻击，对全局不利就不要去攻击。

9 **城有所不攻：**有的城邑不宜攻取。比如有的易攻难守，即便夺取了，还要设重兵把守，反而造成兵力分散，对全局不利。有的城邑易守难攻，要想夺取，会付出巨大代价，从而会影响整个战局，也可以暂时放弃，选取别的进攻目标。总之，要以全局利益为出发点，通盘考虑。

10 地有所不争：有的地方不宜争夺。比如得之不利于战、失之无害于己的地方，或者远离己方、难以长期据守之地，都不宜争夺。

大王，这片土地虽然肥沃，但地处平原，很难固守，还是不争为好。

孙将军，这片土地很肥沃，我们争不争？

11 **君命有所不受：**国君有的命令不宜执行。这句话是对上文的总结，如果国君的命令违背“圮地五舍”、“衢地交合”、“绝地无留”、“围地则谋”、“死地则战”的原则或者与“涂有所不由”、“军有所不击”、“城有所不攻”、“地有所不争”这四种情况相冲突，即使是国君的命令，也不能执行。这九种情况，关键在于一个“变”字，即能权衡利害，趋利避害。

也就是说，君命有所不受是有前提的，即国君的命令与实际情况不符，违背灵活多变的原则，则将领可以不必偏执于国君的命令。

从君臣关系的角度讲，将帅是国君之臣，要对国君负责，如果将帅对君命有所不受，在君权神授、君命如天的封建社会中，不容丝毫悖逆，否则将帅没有好下场。岳飞就是因为不服从皇帝赵构的命令，执意挥师北伐，收复中原，迎回被金军俘虏的徽、钦二帝，虽然有利于民族社稷，但却危及皇帝赵构本人的龙椅宝座，岳飞最终惨死于风波亭，一代名将就此陨落。

从临敌指挥的角度讲，战场情况瞬息万变，如果国君在后方遥控指挥，就容易贻误战机，作为前线直接负责指挥的将帅，在和国君的命令有冲突时，如果能够做到权衡利弊，果断出击，做出有利于战局胜利的正确指挥，这种唯实而不唯上的做法是非常难能可贵的。

“君命有所不受”对将帅来说是一个巨大的考验，既是对将帅军事生命的一种考验，也是对将帅个人品质的考验。只有那些将个人生死荣辱置于度外，而视国家人民利益于至上的将帅才能做到这一点。从这个意义上说，岳飞具备了这样优秀的品质，不愧为千古名将之楷模。

12 **故将通于九变之利者，知用兵矣：**如果将帅能够通晓各种机变的运用，就是懂得用兵了。九，泛指多，不是确数。变，指根据具体情况权衡利弊，灵活应变，不可偏执教条。

将不通于九变之利者，虽知地形，不能得地之利者矣：将帅如果不能够通晓以上各种机变的运用，就算了解地形，也不能得地利。

13 **治兵不知九变之术，虽知五利，不能得人之用矣：**指挥军队不知道运用各种机变的方法，虽然知道五利，也不能充分发挥军队的战斗力。术，手段，方法。九变之术，指上述各种情况的利弊得失及其应对办法。五利，即“涂有所不由，军有所不击，城有所不攻，地有所不争，君命有所不受”所带来的好处。得人之用，即充分发挥军队的战斗力。

孙子在这一段主要论述了将帅在五种地形条件（圮地、衢地、绝地、围地、死地）的应变措施和面对四种情况（涂有所不由，军有所不击，城有所不攻，地有所不争）的决策选择，即九变。要求将帅要结合利害，通盘考虑，采取灵活的应对措施和正确的决策，学会取舍，拒绝诱惑，从而趋利避害，即通九变，知九变之术，才能“得地利”、“得人之用”。即使是君命，如果违背了以上这些原则，也可以不执行（君命有所不受）。

“君命有所不受”是对将帅军事生命的一种考验，也是对将帅是否具有优秀的品质的一种考验。只有那些将个人生死置于度外，将国家人民利益放在第一位的人才能做到，这种情况下才能看出一个将帅的优秀品质，那就是只唯实，不唯上，非常难能可贵。

是故智者之虑，必杂于利害[1]。杂于利，而务可信也[2]；杂于害，而患可解也[3]。是故屈诸侯者以害[4]，役诸侯者以业[5]，趋诸侯者以利[6]。

通说

1 是故智者之虑，必杂于利害： 因此，明智的将帅考虑问题，总是结合利和害两个方面综合分析。杂，结合。

2 **杂于利，而务可信也：** 在不利的条件下看到有利的因素，任务才可能顺利完成。务，任务。信，通伸，完成，达到。

3 **杂于害，而患可解也：** 在有利的条件下看到不利的因素，祸患才可能彻底解除。患，祸患。解，解除，消除。

4 **屈诸侯者以害：** 要用敌国最厌恶的事情去伤害它，迫使它屈服。屈，屈服。诸侯，指敌国。害，祸患。

5 **役诸侯者以业：** 要用敌国感到最危险的事情去困扰它，迫使它听从我们的役使。业，危险的事情。役，役使。

6 **趋诸侯者以利：** 要用小利去引诱调动敌国，迫使它被动奔走。趋，奔走。

孙子认为，将帅必须全面而辩证地看待战争中的一切问题，利害结合（杂于利害），通盘考虑，不被地形迷惑，拒绝眼前的诱惑，不被君命束缚，才能趋利避害（务可信），防患于未然（患可除）。

不仅如此，还要充分利用“利与害”辩证统一和相互转化的方法去对付敌人，敌人害怕什么就做什么，敌人讨厌什么就做什么，用小利去引诱敌人，其目的是让敌人虚弱疲惫，敌虚我实，胜负也就不难预料了。

故用兵之法，无恃其不来，恃吾有以待也[1]；无恃其不攻，恃吾有所不可攻也[2]。

通说

1 **故用兵之法，无恃其不来，恃吾有以待也：** 因此，将帅用兵作战时要把握的原则是，不要寄希望于敌人不会来打，而是要依靠自己做好充分准备。恃，依赖，依靠。有以待，做好充分准备。

不管敌人来不来，我们都要提前做好准备！
敌军来不来还不一定呢，我们没必要打造这么多兵器吧？

2 无恃其不攻，恃吾有所不可攻也： 不要寄希望于敌人不会进攻，而是要依靠自己的力量和办法让敌人无法进攻。

孙子认为，我们不能寄希望于敌人不来，不攻，而是要立足于自己做好充分准备，增强实力，才能立于不败之地。孙子在这里强调了国防建设和军事实力的重要性。

故将有五危[1]：必死，可杀也[2]；必生，可虏也[3]；忿速，可侮也[4]；廉洁，可辱也[5]；爱民，可烦也[6]。凡此五者，将之过也，用兵之灾也[7]。覆军杀将，必以五危，不可不察也[8]。

1 **将有五危**：将帅有五种致命的性格弱点。

2 **必死，可杀也**：有勇无谋、死拼硬打的将帅，就可能被敌诱杀。

大不了一死，二十年后
又是一条好汉，杀！

3 **必生，可虏也：** 临阵畏怯、贪生怕死的将帅，就可能被敌俘虏。

4 忿速，可侮也： 脾气暴躁、性情偏激的将帅，就可能因受敌凌辱而妄动。

5 廉洁，可辱也：廉洁自爱、清高好名的将帅，就可能被敌侮辱而失去理智。

6 **爱民，可烦也：** 溺爱民众、不顾大局的将帅，就可能被敌烦扰而陷于被动。

7 **凡此五者，将之过也，用兵之灾也：**将帅这五个致命的性格弱点，是将帅的过错，用兵的危害。五者，指必死、必生、忿速、廉洁、爱民这五个性格弱点。

8 **覆军杀将，必以五危，不可不察也：**军队覆灭、将帅被杀，必定是以上五个致命的性格弱点造成的，不能不引起将帅的警惕。

孙子认为，将帅有五种致命弱点，即必死、必生、忿速、廉洁和爱民。这五点是将帅易犯的过失，是用兵的灾害。军队覆灭、将帅被杀，都是由于这五种致命弱点造成的，所有的将帅都要引以为戒。

孙子认为，将帅要防止性格上的五种致命缺陷而导致“覆军杀将”的灾难性后果。强调将帅要加强自身的修养，不断克服自身的性格弱点，不给敌人以可乘之机。

第九 行军篇

行军，军队部署的意思。

本篇主要论述军队在不同地理条件下的行军作战、安营扎寨和观察判断敌情的方法，提出“兵非多益”的建军原则和“令之以文，齐之以武”的治军思想。

孙子曰：凡处军相敌[1]：绝山依谷[2]，视生处高[3]，战隆无登[4]，此处山之军也。绝水必远水[5]；客绝水而来，勿迎之于水内[6]，令半济而击之[7]，利；欲战者，无附于水而迎客[8]；视生处高，无迎水流[9]，此处水上之军也。绝斥泽，惟亟去无留[10]；若交军于斥泽之中，必依水草而背众树[11]，此处斥泽之军也。平陆处易，而右背高[12]，前死后生[13]，此处平陆之军也。凡此四军之利，黄帝之所以胜四帝也[14]。

凡军好高而恶下，贵阳而贱阴[15]，养生而处实[16]，军无百疾，是谓必胜[17]。丘陵堤防[18]，必处其阳[19]，而右背之[20]。此兵之利，地之助也[21]。

上雨[22]，水沫至[23]，欲涉者，待其定也[24]。

凡地有绝涧[25]、天井[26]、天牢[27]、天罗[28]、天陷[29]、天隙[30]，必亟去之，勿近也[31]。吾远之，敌近之[32]；吾迎之，敌背之[33]。

军行有险阻[34]、潢井[35]、葭苇[36]、山林[37]、蘙荟[38]者，必谨覆索之，此伏奸之所处也[39]。

通说

1 处军相敌： 处军，行军过程中根据不同的地形条件选择适当的位置宿营、驻扎和军事部署等军事活动。处，安排，处置。军，军事活动。相敌，观察和判断敌情。相，观察。

2 绝山依谷： 通过山地时，必须沿着有水草的山谷行进。绝，通过。谷底有水草，行军时适合军队生存和隐蔽。

3 视生处高： 军队要驻扎在向阳的半山高处。视，审察。生，生地，也指向阳的一面。高处视野开阔，利于警戒，利于作战，利于生存。向阳利于士兵健康，不易生病。

4 战隆无登： 如果敌人占领了高处的有利地形，不要从正面仰攻。隆，高地。登，向上攀登，这里指仰攻。

5 绝水必远水：想横渡江河，要在远离江河的上游驻扎。

6 客绝水而来，勿迎之于水内：敌人如果渡河而来（攻击我军）。客，古代以主、客来区分敌、我，主指我方，客指敌方。

7 令半济而击之： 等敌军一部分已渡河上岸，一部分还在河水里时再去攻击。济，渡河。半济，一部分已渡河上岸，一部分还在河水中。敌人刚刚上岸，难以展开，此时攻击，容易造成敌军混乱和踩踏。

8 无附于水而迎客： 不要在背靠河水的地方迎击敌人。附，靠近，背对。此是用兵常法，韩信攻打赵国，在井陉背水列阵，则是此法的反用。韩信以此兵作饵，吸引敌军主力来攻，另派一支奇兵直取敌人主帅大营，制造混乱，前后夹击，打败赵军。项羽破釜沉舟，背水一战，则是把士兵投之于死地，绝地，激发士兵的战斗力，也赢得了胜利。用兵之道，在于活学活用，随机应变，不拘泥于兵法。

9 视生处高，无迎水流： 要在河的上游驻扎。水势趋高而避下，如果在河水下游驻扎，容易因下雨河水暴涨而遭受水淹或冲击，或被敌人截流攻之，甚至投毒。

10 绝斥泽，惟亟去无留： 通过盐碱沼泽地区，赶快离开，不要停留。斥，盐碱地。亟，急，迅速。盐碱地不利于军队生存，沼泽属于圮地，不利于行军、驻扎和作战。

11 若交军于斥泽之中，必依水草而背众树： 如果和敌人在盐碱沼泽地区作战，一定要靠近水草背对树林。交军，两军交战。沼泽多水，树木水草茂盛，有水草的地方植物根系发达，淤泥、土壤相对坚固，人马不容易陷落，利于活动。背靠树林既可以作为险阻，作战不利时也便于藏身。依，靠近。背，背对。

12 **平陆处易，而右背高：**军队在开阔的平原上驻扎，应该选择地势平坦的地方，右翼要背靠高地。平陆，开阔的平原地区。易，地势平坦。右，右翼军队。这样驻军，在遭遇敌人攻击时可以相互策应，也有利于据守，高处视野开阔，也有利于观察和警戒。

13 **前死后生：**前低后高。死、生，指死地和生地。这里指地势高低。

14 黄帝之所以胜四帝也：黄帝战胜四周部落的原因就在于此（掌握正确的处军原则）。四帝，上古传说中的神话人物，指黑帝汁光纪（掌管北方的司冬之神）、青帝灵威仰（掌管东方的司春之神）、赤帝赤飙怒（掌管南方的司夏之神）、白帝白招拒（掌管西方的司秋之神）。

传说兵法之作是从黄帝开始的。黄帝之时部落之间相互侵伐，他曾与炎帝战于阪泉之野，又与蚩尤战于涿鹿之野。身经数次激烈的著名大战，打过许多漂亮的胜仗，积累了一些战争的经验。可惜由于当时文字记载的手段尚不完备，黄帝的兵法著作不可能流传下来。

15 好高而恶下，贵阳而贱阴：军队驻扎应选择高处而不是地势低洼之处，应选择向阳地带驻扎而不是背阴潮湿地带。高，指高处。下，指地势低洼之处。高处利于警戒、利于出击和防守。向阳地带干燥，士兵不容易滋生疾病。阳，向阳的地带，如山之南坡，水之北岸。

16 养生而处实：军队要选择靠近水草、粮道畅通的高处驻扎。养生，指靠近水草、利于粮道畅通地带。处实，指地势高处。靠近水草地带利于士兵、战马取水，牧马。粮道畅通，便于军队给养供应。

17 军无百疾，是谓必胜：军队不会滋生各种疾病，军队的战斗力就不会受影响，这是取得胜利的保证。

18 丘陵堤防：在丘陵和堤防这两种地形上。

19 必处其阳：一定要占领向阳的一面。

20 而右背之：军队的右翼要背对丘陵、堤防，依托高处有利地形。

21 此兵之利，地之助也：以上这些，是用兵作战善于利用有利地形作为辅助条件的原则。

22 上雨：河流的上游下雨。助，辅助。

23 水沫至：大量的水上泡沫从上游冲来。水沫是山洪暴发的征兆。

24 欲涉者，待其定也：军队如果徒步过河，要等到洪峰过后，水流平稳之后再过。在水流平稳之前，如果贸然过河，就有被急流冲走的危险。

25 **绝涧**：指溪谷深峻、水流其间的地形。

26 **天井**：指四周险峻、中间低洼的地形。

27 **天牢**：指三面险峻、易进难出的地形。牢，牢狱。

28 **天罗**：指草木茂盛、行动困难的地形。罗，罗网。

29 **天陷：**指地势低洼，道路泥泞、人马易陷的地形。

30 **天隙：**两山相向、涧道狭窄的险恶地形。隙，缝隙。

31 **必亟去之，勿近也：** 一定要迅速离开，不要靠近。

32 **吾远之，敌近之：** 我军要远离这六种特殊地形，并设法让敌人靠近。

33 **吾迎之，敌背之：** 形成我军面向它，敌人背靠它的有利态势。

34 **险阻：** 悬崖绝壁、陡峭难行的隘路。

35 **潢井：** 地势低洼，有积水的地方，潢（huáng）井，泛指沼泽水网地区。

36 **葭苇：** 芦苇，泛指水草丛聚的地形。

37 **山林：** 山间树林茂密。

38 **蘙荟（yì huì）：** 草木茂盛。

39 **必谨覆索之，此伏奸之所处也：** 这些地方都是敌军的间谍最容易隐藏的地方，必须谨慎、反复搜索。

孙子在这一段重点论述了军队在四种常见地形以及六种特殊地形的处军原则，见下表：

地形与处军原则

<table>
<tr><th colspan="2" rowspan="2">地形</th><th colspan="3">处军原则</th></tr>
<tr><th>行军原则</th><th>驻军原则</th><th>作战原则</th></tr>
<tr><td rowspan="4">一般地形</td><td>山地</td><td>沿山谷行军，山谷有水草，利于军队生存，利于隐蔽</td><td>在向阳高处驻军，利于士兵健康，利于作战，利于警戒</td><td>如果敌人占领高地，不要仰攻，付出的代价太大</td></tr>
<tr><td>河流</td><td>离河流的地方行军</td><td>在河流上游驻扎，以防在下游遭到暴雨洪水，或敌军截流攻击、下毒</td><td>击敌半渡，制造混乱</td></tr>
<tr><td>沼泽</td><td>快速通过，不要停留，沼泽不利于行军、驻扎和作战</td><td>不能驻扎</td><td>如果在此发生遭遇战，要靠近水草，背靠树林。有水草的地方根系发达，土壤坚固，不易陷落，背靠树林既可以作为险阻，也可以退入隐藏</td></tr>
<tr><td>平原</td><td>——</td><td>驻扎在平坦地带，右翼背靠高地，地势前低后高，利于策应、警戒、据守</td><td>——</td></tr>
<tr><td rowspan="6">特殊地形</td><td>绝涧</td><td rowspan="6">迅速离开，不宜停留</td><td rowspan="6">——</td><td rowspan="6">我方要远离此种地形，并设法引诱敌人靠近此种地形。形成我方面朝此种地形而敌人背对此种地形的有利局面</td></tr>
<tr><td>天井</td></tr>
<tr><td>天牢</td></tr>
<tr><td>天罗</td></tr>
<tr><td>天陷</td></tr>
<tr><td>天隙</td></tr>
<tr><td rowspan="5">容易设伏地形</td><td>险阻</td><td colspan="3" rowspan="5">仔细搜索，谨慎通过，以防敌人设伏和间谍隐藏</td></tr>
<tr><td>潢井</td></tr>
<tr><td>葭苇</td></tr>
<tr><td>山林</td></tr>
<tr><td>蘙荟</td></tr>
</table>

孙子强调，无论是一般地形还是特殊地形，其处军总的原则是“好高而恶下，贵阳而贱阴，养生而处实”，充分利用有利地形，避开不利地形。

险阻

山林

潢井

葭苇

翳荟

敌近而静者，恃其险也[1]；远而挑战者，欲人之进也[2]；其所居易者，利也[3]。众树动者，来也[4]；众草多障者，疑也[5]；鸟起者，伏也[6]；兽骇者，覆也[7]；尘高而锐者，车来也[8]；卑而广者，徒来也[9]；散而条达者，樵采也[10]；少而往来者，营军也[11]。辞卑而益备者，进也[12]；辞强而进驱者，退也[13]；轻车先出居其侧者，陈也[14]；无约而请和者，谋也[15]；奔走而陈兵车者，期也[16]；半进半退者，诱也[17]。杖而立者，饥也[18]；汲而先饮者，渴也[19]；见利而不进者，劳也[20]；鸟集者，虚也[21]；夜呼者，恐也[22]；军扰者，将不重也[23]；旌旗动者，乱也[24]；吏怒者，倦也[25]；粟马肉食，军无悬缻，不返其舍者，穷寇也[26]；谆谆翕翕，徐与人言者，失众也[27]；数赏者，窘也[28]；数罚者，困也[29]；先暴而后畏其众者，不精之至也[30]；来委谢者，欲休息也[31]。兵怒而相迎，久而不合，又不相去，必谨察之[32]。

通说

1 **敌近而静者，恃其险也：** 敌人迫近我军而保持镇静的，是因为占据了险要有利的地形。

2 **远而挑战者，欲人之进也：**敌人与我军相隔很远而派人来挑战的，是想引诱我军前进。

3 其所居易者，利也：敌军之所以不居险要而居平地，定有其好处和用意。居，驻扎。易，地势平坦。

4 众树动者，来也：树木摇动，说明敌军从树林中隐蔽而来。

5 **众草多障者，疑也：** 草丛中布置许多障碍物，是敌人故布疑阵。

6 **鸟起者，伏也：**树林中突然有鸟雀惊飞，说明树林中有敌人埋伏。

7 兽骇者，覆也：树林中各种野兽惊骇奔跑，说明敌人大举来袭。骇，惊骇。覆，倾覆，意为敌人众多，蜂拥而来。

8 **尘高而锐者，车来也：**尘土高而尖，说明敌人的战车奔驰而来。锐，尖直。

9 **卑而广者，徒来也：**尘土低而宽广，说明敌人的步兵正朝我军开进。卑，低下。徒，步兵。

10 散而条达者，樵采也：尘土四散飞扬，时断时续，这是敌人拖着树枝在行走。条达，时断时续。樵采，砍柴伐木。

11 **少而往来者，营军也：**尘土少而且时起时落，说明敌人在安营扎寨。

图说 孙子兵法
TUSHUO SUNZIBINGFA

12 **辞卑而益备者，进也：**敌人来使言辞谦卑恭顺，而敌军却加强戒备，说明敌人将要发动进攻。

13 **辞强而进驱者，退也：**敌人来使言辞强硬，并做出准备进攻的样子，说明敌人准备后撤。

越

14 **轻车先出居其侧者，陈也：**敌人派出轻型战车部署在侧翼，说明敌人在布列阵势。

15 无约而请和者，谋也：敌人没有陷入困境而主动前来求和的，一定另有阴谋。约，受困、受制。

16 奔走而陈兵车者，期也：敌军极速奔走，布列战车，是期待和我军决战。期，期待。

17 半进半退者，诱也：敌人似进非进，似退非退，是想引诱我军入伏。

18 杖而立者，饥也：敌军士兵倚着兵器站立，是饥饿缺粮的表现。

19 **汲而先饮者，渴也：**敌军打水的时候急于先饮的，是极度干渴的表现。汲，取水，打水。

20 见利而不进者，劳也：敌人明明有利可图却按兵不动的，是过度疲劳的表现。

21 鸟集者，虚也：鸟雀在敌营上空盘旋集结，说明敌营空虚无人。

图说 孙子兵法
TUSHUO SUNZIBINGFA

22 夜呼者，恐也： 敌军士兵在夜间惊叫连连，是心里恐惧的表现。呼，惊叫，呼号。

23 军扰者，将不重也： 敌营惊扰慌乱，是因为将领没有威严。重，持重，威严。

图说 孙子兵法 TUSHUO SUNZIBINGFA

24 旌旗动者，乱也： 敌军旗帜乱动不整，说明敌军阵形混乱。

25 吏怒者，倦也： 军官无故发怒生气，说明敌军已经疲惫厌倦。吏，下层军官。

26 **栗马肉食，军无悬缻，不返其舍者，穷寇也：**用粮食喂马，杀牲口吃肉，收拾灶具，不返回驻地的，说明敌人准备突围，已经是孤注一掷的穷寇。粟，粮谷。缻，通缶（fǒu），取水的瓦罐，这里指炊具。

27 谆谆翕翕，徐与人言者，失众也：低声下气和部下讲话，说明将帅已经失去人心。谆（zhūn），恳切，翕（xī），通习，和顺。

28 数赏者，窘也： 不断犒赏部下，说明敌人处境窘迫，已经无计可施。窘，窘迫。

29 数罚者，困也：不断地处罚部下，说明敌人已经陷入困境。

30 先暴而后畏其众者，不精之至也： 将帅开始时对部下粗暴，继而又惧怕部下的，说明这是一个最不精明的将帅。

31 来委谢者，欲休息也： 敌人派来的使者言辞委婉，态度谦逊，说明敌人想休兵息战。委，遗礼。谢，道歉。

32 兵怒而相迎，久而不合，又不相去，必谨察之： 敌人盛怒地向我进军，又久不交战，又不退兵，必须谨慎察明敌人的意图。合，交战。

孙子在这一段归纳总结了三十二种观察判断敌情的方法，含有朴素的唯物主义因素，给我们以许多有益的启迪。这些方法告诉我们，要透过现象看本质，无论我们做任何事情，在任何情况下，都要明察秋毫，透过事物的表面现象，看清其本质特征，从而对症下药，采取适当的措施。

图说 孙子兵法 TUSHUO SUNZIBINGFA

兵非益多也[1]，惟无武进[2]，足以并力、料敌、取人而已[3]。夫惟无虑而易敌者，必擒于人[4]。

通说

1 兵非益多也：兵员并不是越多越好。益，好。“兵非益多”是孙子重要的建军原则。军队的优劣不是靠兵员多寡，而是靠精兵强将。

2 惟无武进：只要不轻敌冒进。武，恃勇好强。

3 **足以并力、料敌、取人而已：**能做到集中兵力、正确判断敌情，争取部下的信任和支持就足够了。

4 **夫惟无虑而易敌者，必擒于人：**没有深谋远虑又轻敌的人，必定会被敌人俘虏。易，轻视，藐视。

“兵非多益”是孙子提倡的重要的建军原则。

孙子认为，军队的优劣不是靠兵员多寡，而是靠精兵强将，而将领在其中占关键和主导作用。

为此，他对将领提出四个要求：其一不要轻敌冒进；其二要集中优势兵力；其三要正确判断敌情；其四取得部下的信任和支持。

卒未亲附而罚之，则不服，不服则难用也[1]。卒已亲附而罚不行，则不可用也[2]。故令之以文，齐之以武[3]，是谓必取[4]。令素行以教其民，则民服[5]；令不素行以教其民，则民不服[6]。令素行者，与众相得也[7]。

通说

1 **卒未亲附而罚之，则不服，不服则难用也：**士卒还没有亲近依附的时候就对他们施用刑罚，士卒就会怨愤不服，士卒不服则很难使用。

2 **卒已亲附而罚不行，则不可用也：**士卒已经亲近依附如果不能执行纪律，这样的军队就不能用来作战。

3 **令之以文，齐之以武：**用教育、安抚感化、奖赏等“文”的手段笼络人心，提高其思想觉悟。用纪律、约束、惩罚等“武”的方法来规范士兵的行为，使其严格服从命令，统一步调。

这是孙子提出的重要治军思想，即采取恩威并施的手段治理军队。

4 **是谓必取：**按上述办法治理军队就能使其成为一支攻必取、战必胜的军队。

5 **令素行以教其民，则民服：**平常能认真执行命令、教育士卒，士卒就能养成服从命令的习惯。素，平常，平时。

6 **令不素行以教其民，则民不服：**平常不认真执行命令、教育士卒，士卒就会养成不服从命令的习惯。

7 **令素行者，与众相得也：**平常所以能认真执行命令，是由于将帅与士卒之间关系融洽、相互信任的缘故。相得，关系融洽，相互信任。得，亲和。

“令之以文，齐之以武”是孙子重要的治军思想和原则。

士兵的教育关键在于通过平时相处、一点一滴的积累、耳濡目染的影响，持续教化，不断提高，才能养成服从命令的习惯。

孙子提倡治军要文武并行、恩威兼施，于今天的军队治理及企业管理皆有可资借鉴之处。

令之以文

图说 孙子兵法
TUSHUO SUNZIBINGFA

齐之以武

第十

地形篇

在行军篇中，孙子重点阐述了与行军有关的地形以及相应的处军原则，本篇则重点阐述的是与作战有关的地形特点以及针对这些地形条件采取的应对措施、作战方针和作战原则。

“地”是《孙子兵法》中非常关注的一个制胜因素，地形条件对战争的胜负结果影响很大，有时候甚至是决定性的。

“地”是敌我双方战略对抗的空间，如何处理好“人”与“地”的关系，以“地之助”去求“兵之利”，反映的是一个将帅的基本素质和能力（料敌制胜，计险恶远近，上将之道也）。因此，孙子特别指出，将帅要重视对地形的考察和研究，做到“知己知彼，知天知地”，一切从战场实际出发，一切按战争规律办事，做到“进不求名，退不避罪，惟人是保”，才能克敌制胜。

孙子曰：地形有通者，有挂者，有支者，有隘者，有险者，有远者[1]。

我可以往，彼可以来，曰通[2]；通形者，先居高阳，利粮道，以战则利[3]。可以往，难以返，曰挂[4]；挂形者，敌无备，出而胜之[5]；敌若有备，出而不胜，难以返，不利[6]。我出而不利，彼出而不利，曰支[7]；支形者，敌虽利我，我无出也；引而去之，令敌半出而击之，利[8]。隘形者，我先居之，必盈之以待敌[9]；若敌先居之，盈而勿从，不盈而从之[10]。险形者，我先居之，必居高阳以待敌[11]；若敌先居之，引而去之，勿从也[12]。远形者，势均，难以挑战，战而不利[13]。

凡此六者，地之道也；将之至任，不可不察也[14]。

通说

1 地形有通者，有挂者，有支者，有隘者，有险者，有远者： 地形有通形、挂形、支形、隘形、险形、远形。孙子是按通行条件和观察条件来划分这六种战术地形的。地形是地貌和地物形状的总称，具体指地表以上分布的固定性物体共同呈现出的高低起伏的各种状态。地貌包括平原、山地、丘陵、荒漠、丛林、草原等。地物包括江河、湖泊、道路，等等。

2 我可以往，彼可以来，曰通： 我军可以去，敌军可以来的地行，叫通形。通，畅通，便利。

3 通形者，先居高阳，利粮道，以战则利： 在通形地区，应该抢先占领视野开阔的向阳高地，保证粮道畅通，这样才有利于作战。所谓通形，即平原地带，平原地带视野开阔交通便利，运输条件好，能保证军队的后勤供应，也利于军队展开作战。但平原地区也有不利的一面，即地势平坦，无所依托，难以隐藏。所以孙子要求在平原地带作战原则是抢占向阳

高地，保证粮道畅通，以利作战。

4 可以往，难以返，曰挂：可以前进、难以后退的地形叫挂形。

5 挂形者，敌无备，出而胜之：在挂形地区，如果敌人没有防备，可以采取突然袭击的办法来战胜它。

6 敌若有备，出而不胜，难以返，不利：如果敌人已经有了防备，出击又不能取胜，后撤困难，就会陷于不利境地。

所谓挂形，比如进入高山峡谷作战，则易进难出，有利的一面是便于隐蔽，用突然袭击

的办法能收到奇效，但如果运用不当，一旦作战不利，则会损失巨大。

7 我出而不利，彼出而不利，曰支： 我军出击不利，敌军出击也不利的地形叫支形。

支形者，敌虽利我，我无出也：在支形地区，敌人虽然以利相诱，我军也不能出击。利，利诱。

8 引而去之，令敌半出而击之，利： 我军领兵离去，让敌人出到一半的时候再回兵攻击，这样打才有利。引，带领。

所谓支形，就是敌我双方对峙，各有险可依，有利可凭。比如在河水两岸据守，在峡谷两边对峙，彼此都会处于不利境地。其作战原则是诱敌出击，比拼的是双方的耐心和毅力。

9 隘形者，我先居之，必盈之以待敌：在隘形地区，我军应该先于敌人占领它，并且以充足的兵力封锁隘口，等待敌人来犯。隘，两边险要，道路狭窄的地区。盈，满、充实。在这种狭窄地形上，军队难以伸展，如果抢先占领隘口，则一夫当关，万夫莫开。

10 若敌先居之，盈而勿从，不盈而从之：如果敌人先占领了隘口，并用重兵把守，则不能进攻；如果敌人没有派重兵把守，则可以全力攻打，占领隘口。狭路相逢勇者胜，如果敌人把守的兵力不多，则可以一战，夺取这一有利地形。如果敌人重兵把守，则另想办法通过。

11 险形者，我先居之，必居高阳以待敌：在险形地区，如果我军先于敌人占领，一定要据守向阳的高地等待敌人来犯。

12 若敌先居之，引而去之，勿从也：如果敌人先于我军占领险形地区，则领兵撤退，不可与敌军交战。

所谓险形，就是地形险要、易守难攻之地。其原则和隘形差不多。

13 远形者，势均，难以挑战，战而不利：在远形地区，双方势均力敌，不宜挑战，如果求战，对我不利。

所谓远形，就是敌我相距较远。两军在相距遥远的地方集结，任意一方前去挑战，对方都会依托有利地形，以逸待劳，从而使挑战一方处于不利局面。

14 凡此六者，地之道也；将之至任，不可不察也：以上六条，是利用地形作战的原则，是将帅的重大责任，不可不认真考察研究。

孙子在这一段重点论述了六种作战地形的应对措施和战术原则：其一既要考虑进攻，又要考虑退路；其二是抢占向阳高地作为依托；其三是以有备攻无备。

孙子告诫将帅，要认真审察敌我所据地形，一切从战场条件出发，充分利用有利地形，制定正确的行动方案，从而取得战争的胜利。

故兵有走者，有弛者，有陷者，有崩者，有乱者，有北者[1]。凡此六者，非天之灾，将之过也[2]。夫势均，以一击十，曰走[3]；卒强吏弱，曰弛[4]，吏强卒弱，曰陷[5]；大吏怒而不服，遇敌怼而自战，将不知其能，曰崩[6]；将弱不严，教道不明，吏卒无常，陈兵纵横，曰乱[7]；将不能料敌，以少合众，以弱击强，兵无选锋，曰北[8]。凡此六者，败之道也；将之至任，不可不察也[9]。

通说

1 兵有走者，有弛者，有陷者，有崩者，有乱者，有北者： 导致军队失败的情况有走、弛、陷、崩、乱、北等六种。

2 凡此六者，非天之灾，将之过也： 这六种情况不是天灾造成的，而是将帅的过错造成的。过，过错。

3 夫势均，以一击十，曰走： 双方势均力敌，我方以一击十，这种情况导致的失败叫“走”。走，败逃。恃武好进，以一击十，以寡击众，焉能不败？

4 卒强吏弱，曰弛：士兵强悍，军官懦弱，这种情况导致的失败叫"驰"。驰，松弛。士兵虽然训练有素，战斗力强悍，如果领导软弱无能，军队就会纪律松弛，士兵不服从命令，步调不能一致，焉能不败？

5 吏强卒弱，曰陷：军官强悍，士兵懦弱，这种情况导致的失败叫“陷”。陷，陷落。军官强悍，只顾自己猛冲猛打，士兵懦弱而不敢跟进，这样的将领就是孙子所说的“必死”，有勇无谋，必为敌所擒，导致全军覆没。

6 **大吏怒而不服，遇敌怼而自战，将不知其能，曰崩：**部将遇敌而心怀怨恨，不服从统一指挥，擅自愤怒出战，主将又不了解他们的能力，这种情况导致的失败叫“崩”。大吏，军中高级将领，指偏将、裨将。怼，怨恨。偏将不服从指挥，擅自出战，将帅又不能完全控制局面，必被敌所乘，遇强敌焉能不崩溃？

7 将弱不严，教道不明，吏卒无常，陈兵纵横，曰乱：将帅懦弱没有威严，治军无方，下级军官及士兵的行为不受约束，出兵列阵杂乱无章，这种情况导致的失败叫“乱”。教道，训练、教育的法度。无常，没有法纪，不受约束。将帅懦弱，没有威严，镇不住下属，导致纪律涣散，行为失常，命令不能贯彻，军队焉能不乱？

8 **将不能料敌，以少合众，以弱击强，兵无选锋，曰北：**将帅不能正确判断敌情，以少击多，以弱击强，不会选择精锐部队担任主攻任务，这样的情况导致的失败叫“北”。料敌，判断敌情。合，交战。选锋，挑选勇敢善战的士卒组成的精锐部队。

9 凡此六者，败之道也；将之至任，不可不察也：以上六种情况都是造成军队失败的原因，是将帅的重大责任，不可不认真研究。

孙子在这一段重点论述了导致军队失败的六种情况，指出这六种情况导致失败的责任“非天之灾”，完全是“将之过也”，告诫将帅要认真剖析六败的原因，避免类似错误发生。

夫地形者，兵之助也[1]。**料敌制胜，计险厄远近，上将之道也**[2]。**知此而用战者必胜，不知此而用战者必败**[3]。

故战道必胜，主曰无战，必战可也[4]；**战道不胜，主曰必战，无战可也**[5]。**故进不求名，退不避罪**[6]，**惟人是保，而利合于主**[7]，**国之宝也**[8]。

通说

1 地形者，兵之助也：地形是用兵的辅助条件。助，辅助。

2 料敌制胜，计险厄远近，上将之道也：判断敌情，制定取胜计划，研究地形的险易，计算道路的远近，这些都是将帅的责任。计，考察、研究。厄，险要之处。

3 知此而用战者必胜，不知此而用战者必败：懂得这些道理去指挥作战，一定能取得胜利，不懂这些道理去指挥作战，一定失败。

4 战道必胜，主曰无战，必战可也：如果根据战场的实情判断一定能够取胜，虽然君主命令不打，也可以坚持去打。战道，战场实情。

5 战道不胜，主曰必战，无战可也：如果根据战场的实情判断一定不能取胜，虽然君主命令打，也可以坚持不打。

6 进不求名，退不避罪：坚持打不是为了个人立功求名，坚持不打不是逃避失败的罪责。

7 惟人是保，而利合于主：只是为了保全军队和人民，符合国家和君主的根本利益。

8 国之宝也：这样的将帅才是国家最宝贵的人才。

孙子认为，作为将帅，要从“地行者，兵之助也”的高度去认识地形对于战争胜负结果的重要影响，强调“料敌制胜，计险厄远近”是将帅职责所在，严格遵守“战道”，一切从战场的实际出发，按战争规律办事，以“地之助”去求得“兵之利”，由此对将帅提出了更高的道德要求：进不求名，退不避罪，惟人是保，利合于主。

视卒如婴儿，故可与之赴深谿[1]；视卒如爱子，故可与之俱死[2]。厚而不能使，爱而不能令，乱而不能治，譬若骄子，不可用也[3]。

通说

1 视卒如婴儿，故可与之赴深谿：将帅对待士卒就像对待婴儿一样呵护备至，士兵就愿意和主帅一起赴汤蹈火。谿，同溪。深谿，很深的河水。赴深谿，指士卒不惧怕面临的任何困难。

图说 孙子兵法 TUSHUO SUNZIBINGFA

2 视卒如爱子，故可与之俱死： 将帅对待士卒就像对待自己疼爱的孩子一样关心体贴，士卒就愿意和主帅一起同生共死。

3 厚而不能使，爱而不能令，乱而不能治，譬若骄子，不可用也：厚养士卒而不使用，宠爱士卒而不教育，违法乱纪而不惩治，士卒就像是被娇惯的孩子，这样的军队是不能用来打仗的。

这一段孙子从正反两个方面论述了将帅的带兵原则。

孙子认为，对待士卒既要像婴儿和爱子一样去呵护和关心，又要对其严格要求，纪律约束，反对娇惯士卒，采取“爱”与“严”结合、“恩”与“威”并施的带兵原则，这样才能搞好官兵关系，士卒才愿意与将帅同心同德，赴汤蹈火，同生共死，充分发挥战斗力。

知吾卒之可以击，而不知敌之不可击，胜之半也[1]；知敌之可击，而不知吾卒之不可以击，胜之半也[2]；知敌之可击，知吾卒之可以击，而不知地形之不可以战，胜之半也[3]。故知兵者，动而不迷，举而不穷[4]。故曰：知彼知己，胜乃不殆[5]；知天知地，胜乃不穷[6]。

通说

1 知吾卒之可以击，而不知敌之不可击，胜之半也：只了解自己的军队能打，不了解敌人不可以打，胜利的可能只有一半。

2 知敌之可击，而不知吾卒之不可以击，胜之半也：只了解敌人可以打，不了解自己的军队不能打，胜利的可能只有一半。

3 知敌之可击，知吾卒之可以击，而不知地形之不可以战，胜之半也：只了解敌人可以打，也了解自己的军队能打，但不了解地形不利于打，胜利的可能也只有一半。

4 故知兵者，动而不迷，举而不穷：所以，懂得用兵作战的将帅，一旦行动起来，目标明确而不迷惑，采取的措施变化无穷不呆板。动，行动目标。举，措施，方法。

5 知彼知己，胜乃不殆：了解敌人，了解自己，胜利就不会有危险。

6 知天知地，胜乃不穷：了解天时，了解地利，胜利就无穷尽。

孙子在这一段重点论述知己知彼、知天知地与战争胜败的因果关系。

孙子认为，作为将帅，仅仅了解自己，或仅仅了解敌人，或仅仅了解敌我而不了解地形，则取得胜利的可能性只有一半，只有既了解敌我，又了解地形，将制胜的重要因素结合起来，充分处理好“人”与“地”的关系，才能取得完全的胜利，这就是孙子的知胜原则：知己、知彼、知天、知地。

知己知彼
知天知地

第十一

九地篇

本篇主要论述在九种不同战略地形下作战的原则和应对措施，强调将帅必须通晓九地之变、屈伸之利、人情之理，才能充分发挥将士的战斗积极性。提出“投之亡地然后存，陷之死地然后生”的经典军事理论。

图说 孙子兵法

孙子曰：用兵之法，有散地，有轻地，有争地，有交地，有衢地，有重地，有圮地，有围地，有死地[1]。诸侯自战其地，为散地[2]。入人之地不深者，为轻地[3]。我得则利，彼得亦利者，为争地[4]。我可以往，彼可以来者，为交地[5]。诸侯之地三属，先至而得天下之众者，为衢地[6]。入人之地深，背城邑多者，为重地[7]。行山林、险阻、沮泽，凡难行之道者，为圮地[8]。所由入者隘，所从归者迂，彼寡可以击吾之众者，为围地[9]。疾战则存，不疾战则亡者，为死地[10]。是故散地则无战[11]，轻地则无止[12]，争地则无攻[13]，交地则无绝[14]，衢地则合交[15]，重地则掠[16]，圮地则行[17]，围地则谋[18]，死地则战[19]。

通说

1 **用兵之法，有散地，有轻地，有争地，有交地，有衢地，有重地，有圮地，有围地，有死地：**根据用兵的规律，有散地、轻地、争地、交地、衢地、重地、圮地、围地、死地等九种战略地形，对用兵作战有重大影响。

2 **诸侯自战其地，为散地：**在诸侯本土的作战地区叫散地。散，溃散，逃散。士卒在本土作战，战场离家较近，遇到危急情况，容易逃亡，溃散，所以称之为散地。

3 **入人之地不深者，为轻地：**进入他国境内不深的地区叫轻地。士卒始入敌境，思恋故土，危急时易于轻返，所以称之为轻地。

4 **我得则利，彼得亦利者，为争地：**我军占领有利，敌军占领也有利的地区叫争地。兵家必争之地，谁先占领对谁有利，所以称之为争地。

5 **我可以往，彼可以来者，为交地：**敌我两军都可以来往的地区叫交地。交，交错。道路纵横、地势平坦、交通便利，便于两军来往，所以称之为交地。比如两国的边境地区，我军可以出征讨伐敌人，敌人也可以发动侵略战争。

6 **诸侯之地三属，先至而得天下之众者，为衢地：**多国毗邻，谁先到达，可以得到四周诸侯的援助，这样的地区叫衢地。三，泛指众多，不是确指。属，连接，毗邻。

7 **入人之地深，背城邑多者，为重地：**进入敌国腹地，越过许多敌国的城邑的地区叫重地。背，背后，引申为越过。对敌军来说，远征者深入国境，已经严重危及国家安全，所以称之为重地。

8 **行山林、险阻、沮泽，凡难行之道者，为圮地：**凡是山林、险要隘路、水网湖沼等难以通行的地区叫圮地。圮，毁坏，倒塌。

9 **所由入者隘，所从归者迂，彼寡可以击吾之众者，为围地：**入口狭隘、归路迂远、敌人能够以少量兵力就可以攻击我军众多兵力的地区叫围地。出入艰难，容易被敌人设伏、包围，所以称之为围地。

10 **疾战则存，不疾战则亡者，为死地：**只有奋勇作战才能够生存，不迅速作战就难免覆灭的地区叫死地。疾，迅速。地势险恶，进退不能，补给不利，如果被敌人长期围困，则有全军覆没的危险，不能迟疑，不能犹豫，必须迅速作战，摆脱困境，所以称之为死地。

11 散地则无战： 军队在散地不宜作战。士卒战于本土，在“战则死，退则生”的情况下，往往斗志不坚，容易溃散，所以不宜作战。

12 轻地则无止： 军队在轻地不宜停留。士卒初入敌境，内心忐忑，思归心切，不能专一斗志，所以不能停留，继续前进，打消士兵的疑虑心理。

13 争地则无攻： 遇到争地，我军宜先行占领，如果敌人已经先于我军占领，则不宜强行攻击。无攻，说明敌人已经抢先占领有利地形，所以不能强行进攻，以免遭受巨大伤亡。

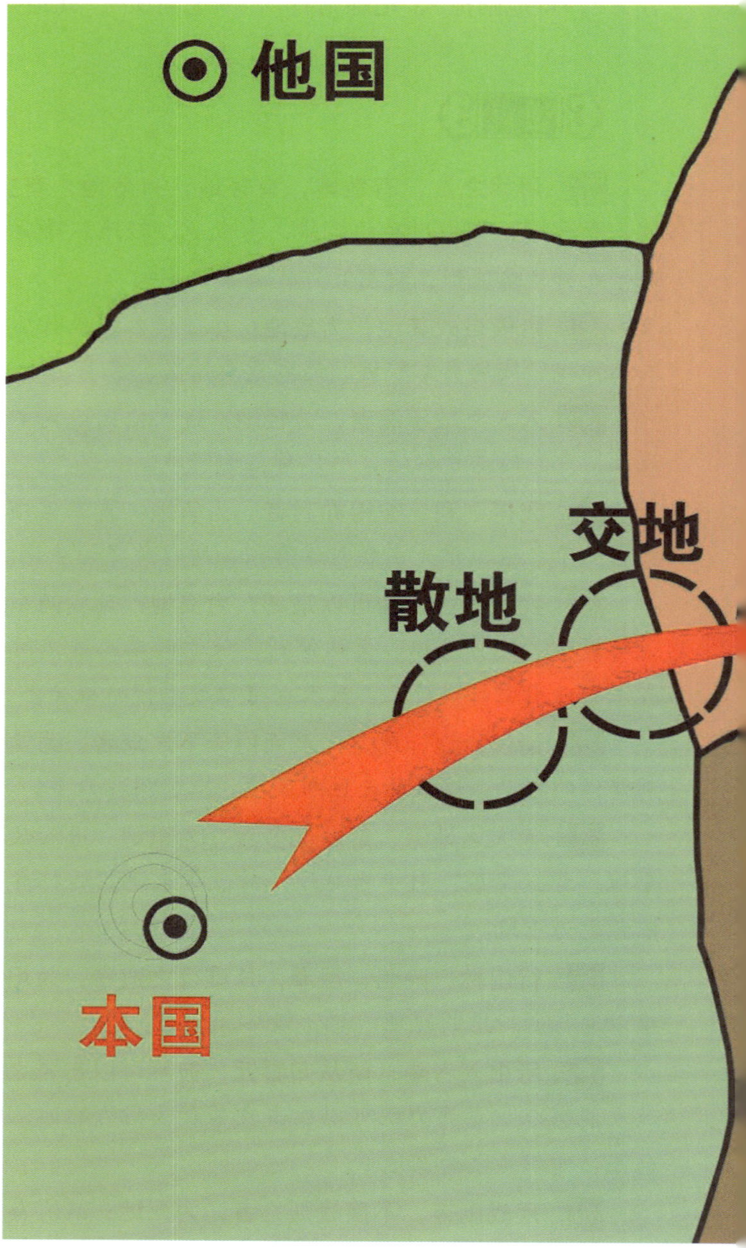

14 交地则无绝： 在交地，军队前后联络不可断绝，保持相互策应。绝，隔绝，断绝。因为交通方便，既利于我，也利于敌，所以军队要保持联络畅通，相互策应，以免被敌人有机可乘，分割包围。

15 衢地则合交： 军队在衢地要加强外交活动，结交其他诸侯国，引为外援。合交，结交。衢地交合就是结交诸侯，避免孤立，也就是今天所说的地缘政治。即根据各种地理要素和政治格局的地域形式，分析和预测世界或地区范围的战略形式和有关国家的政治行为。地理因素是影响甚至决定国家政治、军事行为的一个基本因素。

16 重地则掠： 军队在重地要抢掠敌国的粮秣保障军队的后勤补给。掠，抢掠。对我军来说，深入敌国，道路隔绝，远输困难，后勤供应难以保证，最好的办法就是“因粮于敌”，以战养战。

17 圮地则行： 军队遇到圮地，必须迅速通过，不宜停留。圮地道路难行，人、车、马易陷，不利于战。

18 围地则谋： 军队如果陷入围

地，要善于运用计谋，摆脱困境。被敌人重重包围，没有奇谋，则不能解困。

19 **死地则战：** 军队进入死地要奋勇作战，死里求生。战则生，不战则死，往往能激发士兵的求生欲望，发挥更大的战斗力。所以，孙子说，置之死地而后生。投之亡地而后存，就是充分利用士兵的作战心理。

孙子在这一段重点讨论了军队有九种战略地形，以及在九种战略地形作战的基本指导原则和应对措施。

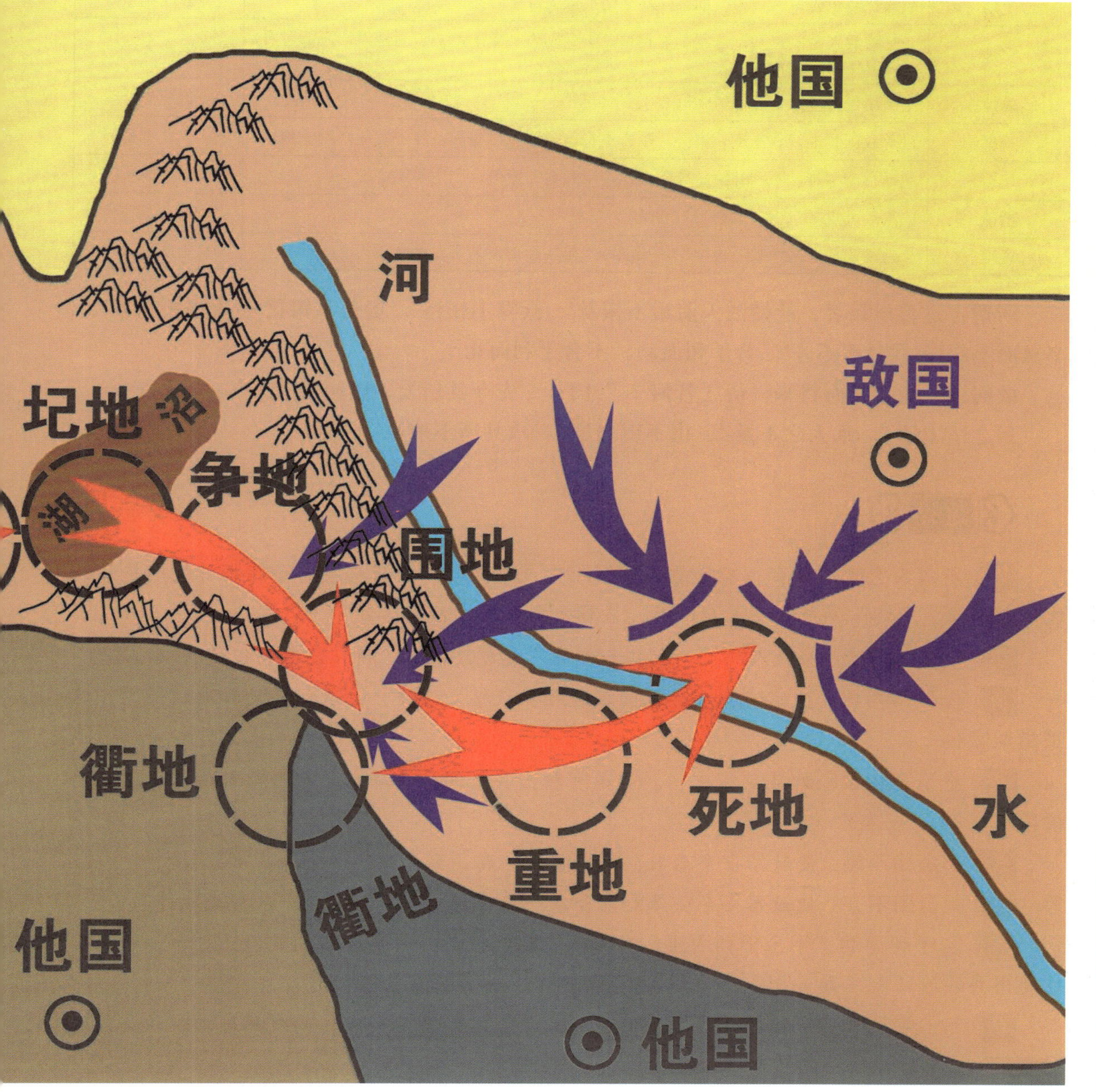

孙子还特别强调，在这九种战略地形上，要充分把握士兵的作战心理，根据不同作战地区士兵产生不同的心理状态，制定切合实际的战略战术和灵活多变的应对措施，以赢得战争的胜利。

九种战略地形与士兵心理及应对措施

战略地形	士兵心理	应对措施
散地	士卒近家，进无必死之心，退有归投之处，斗志不坚，容易溃散	散地无战
轻地	始入敌境，进入陌生环境，内心忐忑，士卒思归，易于轻返	轻地无止
争地	敌人已经抢先占领要地，如果强攻，伤亡太大，势必挫伤军队士气	争地无攻
交地	一旦被敌人分割包围，首尾不能相顾，士兵则内心慌乱，必须周密设计，部署得当，立于不败之地	交地无绝
衢地	结交诸侯，壮大实力，增强信心	衢地交合
重地	进入敌国腹地，我军粮草不济，军心不稳，敌国城邑集居，经济发达，利于抢掠	重地则掠
圮地	圮地行动困难，不利补给。久陷圮地，士兵容易疲劳，产生暴躁心理	圮地无留
围地	陷入敌人重重包围，军心恐惧易乱	围地则谋
死地	士兵深陷危险境地就不再害怕，反能激发求生欲望，超常发挥战斗力	死地则战

所谓古之善用兵者，能使敌人前后不相及[1]，众寡不相恃[2]，贵贱不相救[3]，上下不相收[4]，卒离而不集[5]，兵合而不齐[6]。合于利而动，不合于利而止[7]。

敢问："敌众整而将来，待之若何[8]？"曰："先夺其所爱，则听矣[9]。"

兵之情主速[10]，乘人之不及[11]，由不虞之道[12]，攻其所不戒也[13]。

通说

1 **所谓古之善用兵者，能使敌人前后不相及：** 因此，古代那些善于指挥作战的将帅，能使敌人前、后部队不能相互策应。及，兼顾，引申为策应，配合。

2 **众寡不相恃：** 使敌人的主力部队和侧翼不能相互依靠。恃，依靠，依仗。

3 **贵贱不相救：** 使军官和士兵之间不能相互救援。贵贱，指地位高的和地位低的，这里指军官和士兵。

4 **上下不相收：** 打乱敌军建制，使军官和士兵之间失去联系，无法集结。收，收拢，聚集。

5 **卒离而不集：** 使敌军士卒离散，无法集结。离，离散。集，集结。

6 **兵合而不齐：** 使敌军士卒虽然能集合在一起，但是不能整齐统一，形成战斗力。

7 **合于利而动，不合于利而止：** 对我军有利就行动，对我军不利就停止。合，符合。这是用兵的原则和宗旨。

8 **敌众整而将来，待之若何：** 假如敌军众多，而且队形严整，向我军进攻，该如何对付它呢？

9 先夺其所爱，则听矣： 首先夺取敌军所依赖的有利条件，敌人就不得不听从我军的摆布了。只有攻敌所必救，夺其所爱，才能调动敌人，分散其兵力。

10 兵之情主速： 用兵作战的关键在于出击迅速。情，要旨，关键。主，崇尚。速，行动迅速。只有行动迅速，才能让敌人措手不及。

11 乘人之不及： 趁敌人措手不及时采取行动。不及，来不及防备。
12 由不虞之道： 出兵要走敌人预料不到的道路。虞，准备。
13 攻其所不戒也： 攻击敌人来不及戒备的地方。戒，戒备。

这一段孙子重点论述了善于指挥作战的将帅必须把握的用兵法则：在使自己不乱的情况下尽可能迫使敌人自乱，不能协同作战，从而不能充分发挥其战斗力，给我军制造有利的进攻机会。用兵的战略总原则是“合于利而动，不合于利而止”，即在选择战略目标和采取行动时，要从大局出发，以“利”作为唯一的考量依据，抓住解决问题的关键和要害：首先要做到“夺其所爱”，则能逼迫敌人听任摆布，致人而不致于人；其次要做到兵贵神速，“攻其不戒”，打敌人一个措手不及，方能收到奇效。

凡为客之道[1]：深入则专，主人不克[2]；掠于饶野，三军足食[3]；谨养而勿劳[4]，并气积力[5]；运兵计谋[6]，为不可测[7]。投之无所往[8]，死且不北[9]，死焉不得[10]，士人尽力[11]。兵士甚陷则不惧[12]，无所往则固[13]。深入则拘[14]，不得已则斗[15]。是故其兵不修而戒[16]，不求而得[17]，不约而亲[18]，不令而信[19]，禁祥去疑[20]，至死无所之[21]。吾士无余财，非恶货也[22]；无余命，非恶寿也[23]。令发之日，士卒坐者涕沾襟。偃卧者涕交颐[24]。投之无所往者，诸、刿之勇也[25]。

通说

1 为客之道： 进入敌国境内的作战原则。为客，入侵别国。道，原则，规律。

2 深入则专，主人不克： 深入敌国腹地作战，士兵就会专心一致作战，敌军难以抵挡。专，专一。主人，指被入侵的国家或军队。克，战胜。深入敌国，士兵不敢逃亡，只能专心作战，战争胜利结束后才好回家。

3 掠于饶野，三军足食： 军队深入敌国境内，后勤补给困难，因此必须抢掠敌国境内富饶地区的粮草，才能保证三军人马粮草供应。饶野，富饶的田野。田野富饶，庄稼就长得好。足食，吃饱饭。孙子说，军无委集则亡，“因粮于敌”，以战养战是解决后勤保障的最好办法。

4 谨养而勿劳： 要谨慎休养兵力，不要让将士过度疲劳。谨，谨慎。养，休养。劳，疲劳。

5 并气积力： 保持士气，积蓄战斗力。并，集中，保持。积，积蓄。力，战斗力。
6 运兵计谋： 部署兵力，巧施计谋。运，部署。
7 为不可测： 灵活多变，使敌人无从判断。为，做。测，预测，判断。
8 投之无所往： 把军队投置于无路可走的绝境。投，投置。
9 死且不北： 士兵拼死作战，不会败退。北，败退。

10 **死焉不得：** 士兵怀有必死之心，哪里还有不取胜的道理？！死，必死之心。焉，乃，才。得，胜利。

11 **士人尽力：** 在无路可走的绝境，全体将士都会拼尽力量与敌人殊死作战。士人，全体将士。

12 **兵士甚陷则不惧：** 士卒深陷危险境地就不再恐惧。深陷危险境地，抱定必死之心，反而能激发士兵勇气，求生欲望，超常发挥战斗力。

13 **无所往则固：** 在无路可走的情况下军心就会稳固。固，稳固。

14 **深入则拘：** 深入敌国腹地作战，士卒更加团结。拘，凝聚，引申为团结。

15 **不得已则斗：** 到了迫不得已的地步，只有拼个你死我活。斗，拼命。

16 **不修而戒：** 军队不用整顿就会戒备。修，整治，整顿。戒，戒备。

17 **不求而得：** 无需动员就会自动出力。求，强求，引申为动员。

18 **不约而亲：** 不需要严加约束就能团结友爱。约，约束。亲，友爱。

19 **不令而信：** 不用三令五申就会服从命令。令，申令。信，服从。

20 **禁祥去疑：** 禁止一切迷信活动，消除谣言，避免部属的疑虑。禁祥，禁止占卜、看相、算命等迷信活动。

21 **至死无所之：** 直到战死也不会逃亡。之，逃亡。

22 **吾士无余财，非恶货也：** 我军士卒舍弃多余的财物，并不是他们不爱财物。恶货，厌恶财物。

23 **无余命，非恶寿也：** 士卒没有第二条命却能拼死作战，并非他们不爱惜寿命。恶寿，厌恶长寿。余命，剩余的生命。

24 **令发之日，士卒坐者涕沾襟，偃卧者涕交颐：** 下达作战命令之日，士卒中坐着的泪水沾满衣襟，躺着的眼泪流满双颊。涕，眼泪。偃（yǎn），仰面躺下。颐，脸颊。

抱定必死之心，在生离死别之际，将士内心的痛苦以及渴望胜利的心情相互交织而流露出的一种复杂的心态和情感。

25 **投之无所往者，诸、刿之勇也：**把军队置于只能拼命杀敌而别无他路可走的境地，士卒就会像专诸、曹刿那样英勇无畏。诸，专诸，吴国刺客，曾被伍子胥收买，刺杀了吴王僚，成功帮助吴王阖闾上位。

专诸刺吴王僚

刿（guì），曹刿，春秋时鲁国武士，齐、鲁会盟于柯（今山东东阿），曹刿以匕首挟持齐桓公，逼迫齐国归还鲁国的失地。这两人都被视作古代的勇士。

曹刿论战

孙子在这一段重点论述了为客之道，即进入敌国的作战原则。

孙子指出，进入敌国作战，其中一个突出的特点就是“深入则专”。

进入敌国越深，军心越稳固，士卒的组织纪律性越好，战斗越勇敢，战斗力越强，这与士卒在散地、轻地等表现形成鲜明对比，造成士卒行为巨大反差的根本原因何在呢？孙子认为，其根本原因在于“投之无所往”，即把士卒置于无路可走的绝境，才能激发士卒的求生欲望，迫使其抛弃一切杂念，专心战斗，死中求生，从而超常发挥战斗力。

士卒能够发挥战斗力，与士卒的心理因素有很大关系。

上文我们已经做了分析，在九种不同的战略地形，士卒的心理变化是不一样的，如何充分发挥士卒的战斗力，其关键就在于将帅能否根据不同地区采取不同的行动方针，适应情况，伸缩进退，掌握士卒在不同情况下的心理状态和变化，并根据士卒的不同心理变化而加以充分利用。

孙子的“深入则专”这一现象告诉我们一个深刻的哲学道理——物极必反，士卒面对死亡的恐惧超过承受的极限时，抱定必死之心，反而不再恐惧了，弱小者变得强大，怯懦者变得勇敢，处于一种疯狂的不要命的状态。

所以在战争中，我们要尽量避免不要把敌人逼到这种状态，如孙子提出的“围师必阙”、“穷寇勿迫”就是这个道理。

故善用兵者，譬如率然[1]；率然者，常山之蛇也[2]。击其首则尾至，击其尾则首至，击其中则首尾俱至[3]。敢问：“兵可使如率然乎？”曰：“可。”夫吴人与越人相恶也，当其同舟而济，遇风，其相救也如左右手[4]。是故方马埋轮，未足恃也[5]；齐勇若一，政之道也[6]；刚柔皆得，地之理也[7]。故善用兵者，携手若使一人，不得已也[8]。

通说

1 **善用兵者，譬如率然：** 那些善于用兵打仗的将帅，能使军队就像率然一样（自我反应）。

2 **率然者，常山之蛇也：** 率然，就是常山中的一种大蛇。率然，古代传说中一种蛇的名字。常山，即恒山，在汉代为了避讳汉文帝刘恒之名，改为常山。

3 **击其首则尾至，击其尾则首至，击其中则首尾俱至：** 率然这种蛇，打它的头，尾就来救应；打它的尾头就来救应；打它的中间，头和尾都来救应。孙子用率然比喻善于用兵的人指挥部队能做到前后呼应，首尾相救，左右互援。

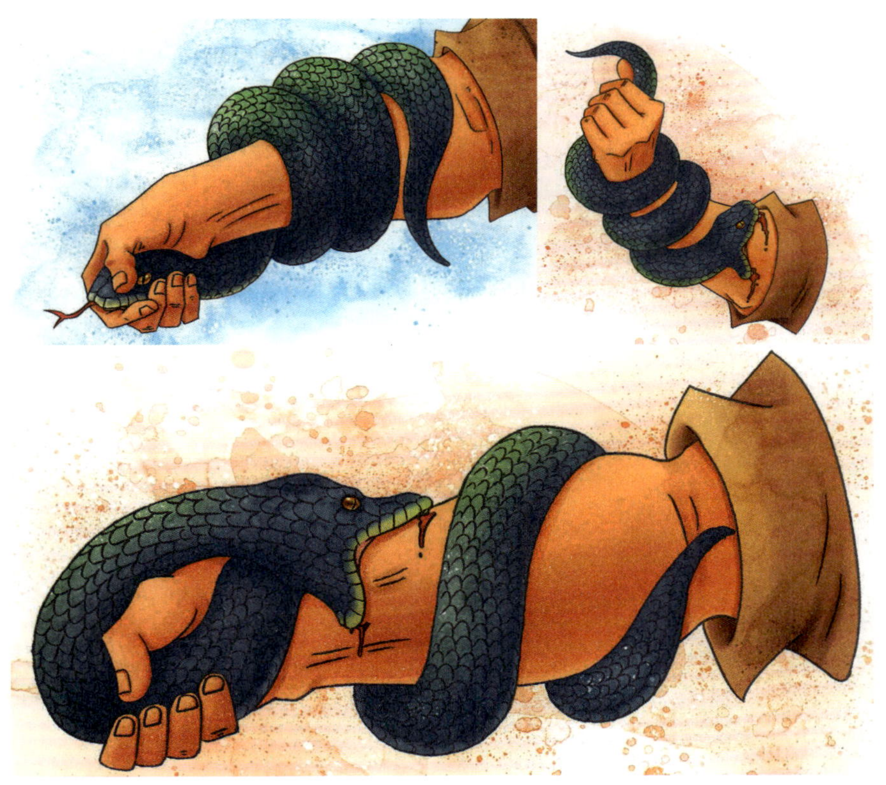

4 吴人与越人相恶也，当其同舟而济，遇风，其相救也如左右手：吴国人和越国人虽然相互仇恨，但当他们同乘一条船渡河时，遇到大风，他们也会相互救援，就像一个人的左右手那样协调。济，渡河。吴国和越国是世仇，两国在春秋时期曾多次相互攻伐，持续了几十年的战争，最终吴国被越国所灭。孙子用“同舟共济”这个故事作比，说明危及生命的情势下，两权相害取其轻，吴、越两个相互仇恨的人也能放弃过节，互相配合，共渡难关。何况是一个战壕里的战友？

5 方马埋轮，未足恃也：采用拴住马匹、埋住车轮的办法以稳定军队，防止士卒逃跑，是靠不住的。方，缚，拴。恃，依靠。

6 齐勇若一，政之道也：使士卒齐心协力、奋勇杀敌如同一人，关键在于将帅管理有方。政，管理军队。

7 刚柔皆得，地之理也：使强者和弱者都能各尽气力，关键在于将帅能够充分利用有利地形。地，地形。

8 善用兵者，携手若使一人，不得已也：善于用兵作战的将帅，能够使全军携手作战就像一个人一样，关键在于要把士卒置于逼不得已的境地。

孙子在这一段重点论述了“齐勇若一”的政之道与“刚柔皆得”的地之理。

孙子以常山之蛇作比，说明用兵作战的关键在于上下配合，整体协同，像灵活自如的常山之蛇一样。并用吴、越二人同舟共济的故事作比，强调要想达到上下配合、整体协同的理想状态，必须把士卒置于逼不得已的情势之下，其关键还在于将帅要通晓“政之道”与“地之理”。

将军之事[1]：静以幽，正以治[2]。能愚士卒之耳目，使之无知[3]。易其事，革其谋，使人无识[4]；易其居，迂其途，使人不得虑[5]。帅与之期，如登高而去其梯[6]；帅与之深入诸侯之地，而发其机[7]，焚舟破釜[8]，若驱群羊，驱而往，驱而来，莫知所之[9]。聚三军之众，投之于险，此谓将军之事也[10]。九地之变，屈伸之利，人情之理，不可不察[11]。

通说

1 **将军之事：**统率军队的重要工作。将，统率、指挥。军，军队。也可以理解为指挥一支军队的主帅要做的主要工作。

2 **静以幽，正以治：**谋事要沉着冷静幽深莫测，做事要公正严明有条不紊。静，冷静，镇静。幽，幽深，深邃，形容思考问题全面透彻。正，公正，严明。治，治理，有条理。

3 能愚士卒之耳目，使之无知： 要蒙蔽士卒的视听，不让他们了解作战意图。愚，蒙蔽，隐瞒。耳目，听到和看到。之，代指士卒。无知，完全不知道，不了解。这是保守军事机密的需要，决不能当作愚弄士卒、欺骗士卒来解释。

4 易其事，革其谋，使人无识： 经常改变作战方法，不断更新行动计划，使人无法识破。易，改变。事，作战方法。革，变革，更新。谋，行动计划。无识，无法识破。

5 易其居，迂其途，使人不得虑： 变换驻防地点，迂回行军路线，使人判断不出行动意图。居，驻地。迂，迂回。途，行军路线。不得虑，无法判断行动意图。

6 帅与之期，如登高而去其梯： 将帅给部属下达作战任务的同时，要断其退路，迫使士卒勇往直前。帅，将帅。与之期，指与部队约定赴战时间，即向部属下达作战任务。登高而去其梯，即成语登高去梯的出处，攀登到高处后把梯子拿掉，表示已无退路。

登高去梯

7 帅与之深入诸侯之地，而发其机： 将帅带领部队深入敌国境内作战，要像扣动弩机射出箭矢一般，使士卒一往直前。诸侯，其他诸侯国，这里指敌国。发，扣发。机，弩机。

8 焚舟破釜： 烧掉渡船，打破军锅，以示决一死战。釜，锅。

破釜沉舟

9 若驱群羊，驱而往，驱而来，莫知所之： 就像驱赶羊群一样，赶过去，赶过来，使他们不知道到底要去什么地方。之，地方。

10 聚三军之众，投之于险，此谓将军之事也： 聚集全军将士，将他们投置于危险境地，使他们不得不拼命作战，这是将军的责任。

11 九地之变，屈伸之利，人情之理，不可不察： 九种地形作战方式的机变，以是否有利作为进退的衡量标准，把握士卒在不同地形作战的心理状态，这些都是将帅不能不研究的。屈伸，指进退。

这一段孙子重点论述将军之事。

孙子认为，将帅作为一支军队的灵魂，在管理和行动指挥上要有原则，有方法，有责任。

原则是：“静以幽，正以治”。作为将帅，三军的大脑和灵魂，在军队面临任何险情时都要保持清醒的头脑，沉着、稳健、理智地应对。

方法是："使其无知，使人无识，使人不得虑"。

责任是："聚三军之众，投之于险"。

要做好将军之事，将帅必须要通晓"九地之变，屈伸之利，人情之理"。

孙子不仅是一个伟大的军事理论家，还是一个深谙士兵心理的军事心理学家，关于孙子的军事心理学思想，在《孙子兵法》一书中多有提及，除了本篇内容以外，比如将有五危，跟心理有关；相敌，跟心理有关；军队四治——治气、治心、治乱、治力，也跟心理有关。

孙子非常重视心理要素，从各种情况着眼，分析心理，判断敌情，周密思索，巧出奇谋的这些思想和做法能在两千多年以前就提出来，的确难能可贵，非常了不起。

但有一点需要指出，孙子的带兵思想，受时代的局限，有一些已经不符合时代的要求，比如登高而去梯，驱士卒如羊群，不知所往。很多方式方法是建立在士兵不自愿的基础上，建立在士兵本能反应，不得已而为之的基础上的，与现代的军队管理方式不匹配，对此应该认真鉴别，去其糟粕。

凡为客之道：深则专，浅则散[1]。去国越境而师者，绝地也[2]；四达者，衢地也[3]；入深者，重地也[4]；入浅者，轻地也[5]；背固前隘者，围地也[6]；无所往者，死地也[7]。

是故散地，吾将一其志[8]；轻地，吾将使之属[9]；争地，吾将趋其后[10]；交地，吾将谨其守[11]；衢地，吾将固其结[12]；重地，吾将继其食[13]；圮地，吾将进其涂[14]；围地，吾将塞其阙[15]；死地，吾将示之以不活[16]。

故兵之情，围则御，不得已则斗，过则从[17]。

通说

1 凡为客之道：深则专，浅则散： 进入敌国作战的规律是：深入敌境，军心就稳定专一；浅入敌境，军心容易溃散。

2 去国越境而师者，绝地也： 离开本国越境出兵到敌国作战，就是进入了绝地。去，离开。师，出兵作战。

3 四达者，衢地也： 交通方便、四通八达的地区叫衢地。

4 入深者，重地也： 深入敌国境内的地区叫重地。

5 入浅者，轻地也： 在敌国境内、离本国边境不远的地区叫轻地。

6 背固前隘者，围地也： 背后地势险要，前面道路险隘，进退困难，容易被敌人包围的地区叫围地。

7 无所往者，死地也： 无路可走的地区叫死地。

8 散地，吾将一其志： 在散地，要统一全体官兵的意志。一，统一。

9 轻地，吾将使之属： 在轻地，要使军队部署前后连接。属，连接。

10 **争地，吾将趋其后：**在争地，要率军急进，抄敌人的后路。趋，快步走。

11 **交地，吾将谨其守：**在交地，要严密警戒，坚壁慎守。

12 **衢地，吾将固其结：**在衢地，要巩固与邻国的盟约。固，巩固。结，盟约。

13 **重地，吾将继其食：**在重地，要及时补充给养。继，连续不断。食，粮草给养。

14 **圮地，吾将进其涂：**在圮地，要迅速通过。涂通途，指道路。

15 **围地，吾将塞其阙：**在围地，要把缺口堵住，士卒无路可走，只能拼命。

16 **死地，吾将示之以不活：**在死地，要向敌人显示我军将士决一死战的决心和勇气。

17 **兵之情，围则御，不得已则斗，过则从：**士卒的心理状态变化规律是：被包围就会抵抗；迫不得已就会拼死战斗；深陷非常危险的境地，就会服从指挥。过，陷入非常危险的境地。

这一段，孙子再论九地之名和九地之变。与前文看似重复，实则侧重点不同，前文重点分析了九地的类型和作战利弊，本段则侧重于论述将军之事，即九地的作战指导原则。这些作战原则是对九地之变、屈伸之利、人情之理进行综合分析的基础上提出来的，最后的落脚点在“兵之情”，提出“兵之情”的三个基本的规律性认识，即“围则御”、“不得已则斗”、“过则从”。

是故不知诸侯之谋者，不能预交[1]；不知山林、险阻、沮泽之形者，不能行军[2]；不用乡导者，不能得地利[3]。四五者，不知一，非霸王之兵也[4]。夫霸王之兵，伐大国，则其众不得聚[5]；威加于敌，则其交不得合[6]。是故不争天下之交[7]，不养天下之权[8]，信己之私，威加于敌[9]，故其城可拔，其国可隳[10]。

通说

1 **不知诸侯之谋者，不能预交：**不知道各诸侯国的政治意图，不能贸然结交。

2 **不知山林、险阻、沮泽之形者，不能行军：**不了解山林、险阻和沼泽的地形分布，不能行军布阵。

3 **不用乡导者，不能得地利：**不用向导引路，就不能得到地势之利。

以上内容与《孙子兵法·军争篇》重合，也与下文不符，有人认为是错简，有人认为是孙子故意重合，以作强调，我认为是后者。

4 **四五者，不知一，非霸王之兵也：**以上这些情况，有一方面不了解，都不能成为称王争霸的军队。四五者，四五为九，有人据此认为，“四五”是“此三”二字之误。因为上文只述及三个方面的情况，即不知诸侯之谋，不能预交；不知山林、险阻、沮泽之形者，不能行军；不用乡导者，不能得地利。但也有人认为，四五者，说的是九地之变，九地中五讲客兵，四讲主兵，也能讲得通。无论是四五者还是此三者，都与地形有关，都属于待敌之法。笔者倾向四五者不变。霸，能够召令其他诸侯国的霸主。王，能号令天下的成为王，这

里指各诸侯国供奉的最高统治者。

5 霸王之兵，伐大国，则其众不得聚： 凡是称王争霸的军队，征伐大国，行动迅速，就能使它的民众来不及动员和集中。众，民众。聚，动员和集中。

6 威加于敌，则其交不得合： 强大的威力施加给敌人，各诸侯国就不敢和它结交。威，威力，威望。加，凌驾。交，结交。合，联合

7 不争天下之交： 不要争着和哪一个国家结交。

8 不养天下之权： 不要在哪一个国家培植自己的势力。养，培植。权，权势，势力。

9 信己之私，威加于敌： 施展自己的战略意图，把强大的威力施加给敌人。信，同伸，施展。私，个人的偏爱，这里指国家的战略意图。

10 其城可拔，其国可隳： 就可以攻占敌人的城邑，毁灭敌人的国家。拔，攻占。国，指诸侯国的都城，也可以代指国家。隳（huī），同毁，毁灭。

这一段孙子重点论述了霸王之兵“威加于敌”的谋略原则和效果。

“威加于敌”是孙子“不战而屈人之兵”战略思想的具体行动落实，是一种威慑策略，也是一种心理战，通过强大的兵力威慑，从心理上彻底摧垮敌人的精神防线，使之不战而降。

威加于敌从实施条件上来说，首先必须要有强大的实力做后盾，这种实力不单纯是军事实力，也包括政治、经济、外交等综合实力，即首先要成为一支王霸之兵。

要成为一支王霸之兵，除了综合实力之外，还必须通晓九地之变，屈伸之利，人情之理。

威加于敌的谋略如果运用得当，就可以达到其城可拔、其国可毁的效果。

施无法之赏，悬无政之令[1]，犯三军之众，若使一人[2]。犯之以事，勿告以言[3]；犯之以利，勿告以害[4]。投之亡地然后存，陷之死地然后生[5]。夫众陷于害，然后能为胜败[6]。

通说

1 施无法之赏，悬无政之令： 施行超出规定的奖赏，颁布打破常规的命令。无法，超出法律规定。悬，悬挂，引申为颁布。无政，临时性的、打破常规的政策命令。

图说 孙子兵法 TUSHUO SUNZIBINGFA

2 **犯三军之众，若使一人：**指挥三军士卒就像使唤一个人一样。犯，用，调动，这里引申为指挥。

3 **犯之以事，勿告以言：**驱使士卒去执行任务，但不要说明任务的意图。事，任务。言，实情。

4 **犯之以利，勿告以害：**只告诉士卒有利的条件，不告诉他们有什么危险。

5 **投之亡地然后存，陷之死地然后生：**把军队置于危地，反而能够保存，使军队陷入死地，反而能够死里求生。亡地和死地都是无可进退之地，只有拼死作战，才能生存。

6 **众陷于害，然后能为胜败：**只有把军队置于危险境地，才能操纵战争胜败的结果。

这一段孙子重点论述的还是治军问题，即如何“犯三军之众，若使一人”的问题。这里孙子提出了三个解决办法：其一是“施无法之赏，悬无政之令”，在特殊情况下采取超常规的赏罚制度，以激励和震慑士卒，但此法不能滥用；其二是“使其无知”，即“犯之以事，勿告以言；犯之以利，勿告以害”，使士卒勇往直前；其三是“投之亡地然后存，陷之死地然后生”，只有“众陷于害”，才能激发士卒的勇气和决心，产生强大的凝聚力与战斗力，从而达到能够操纵战争的胜败结果这一高超的战争艺术境界。

故为兵之事[1]，在于顺详敌之意[2]，并敌一向[3]，千里杀将[4]，此谓巧能成事者也[5]。

是故政举之日[6]，夷关折符，无通其使[7]；厉于廊庙之上，以诛其事[8]。敌人开阖，必亟入之[9]。先其所爱[10]，微与之期[11]。践墨随敌，以决战事[12]。是故始如处女，敌人开户[13]，后如脱兔，敌不及拒[14]。

通说

1 **故为兵之事：**因此，指挥作战的事情。

2 **在于顺详敌之意：**用兵作战，关键在于能够谨慎考察敌人的意图。顺，通慎，谨慎。详，仔细考察。

3 **并敌一向：**集中兵力朝一个方向进攻。

4 **千里杀将：**千里奔袭，擒杀敌将。

5 **巧能成事者也：**巧妙用兵，才能够克敌制胜。

图说 孙子兵法 TUSHUO SUNZIBINGFA

6 政举之日： 当决定战争行动的时候。政，战争行动。举，实施，决定。

7 夷关折符，无通其使： 封锁关口，废除通行凭证，不许敌国使节来往。夷，削平，引申为封锁。折，折断，引申为废除。符，通行凭证。这样做是为了防范间谍，封锁消息，保守军事行动秘密。

8 厉于廊庙之上，以诛其事： 在庙堂上认真计议，以决定与战争有关的一切事宜。厉，认真，仔细。廊庙，庙堂，这里指最高军事决策机构。诛，治。

9 敌人开阖，必亟入之： 敌人一露间隙，一定要极速趁隙而入。开阖，敞开门户。阖，门扇。这里指敌人没有防备，有机可乘。亟，急切。

10 先其所爱： 抢先攻占敌人最关键的战略要地。

11 微与之期： 不要事先和敌人约定交战日期。微，无。之，代指敌人。期，约期。

12 践墨随敌，以决战事： 避免墨守成规，要随敌人变化而变化，以求得战争的胜利。践，实践。墨，木工的墨线，引申为规矩和原则。计于庙堂，战于国外。计划没有变化快。要根据战场的实际情况做出相应调整，无论是计划还是战法，都不能墨守成规。

13 始如处女，敌人开户： 军事行动开始之前，要像处女一样安静柔弱，诱使敌人放松戒备。开户，放松戒备。

哈哈哈……他们竟然
派一群女人上阵，我
们从来不打女人！

14 后如脱兔，敌不及拒：一旦发现敌人弱点，就要像脱逃的兔子一样迅速，使敌人来不及抵抗。拒，抵抗。

孙子在这一段重点强调军事行动的突然性所带来的实际效果：千里杀将，巧能成事。多么自信，多么豪迈！

要想实现军事行动的突然性效果，必须遵守以下六个原则：

第一，“厉于庙堂，以诛其事”。即孙子在“计篇”所说的“庙算”，计划好了再动手。

第二，“夷关折符，无通其使”。一旦决定动手，就要封锁消息，防止间谍刺探或泄密。

第三，“敌人开阖，必亟入之”。不放过任何有利时机，一旦出现，必须抓住。

第四，“先其所爱，微与之期”。不跟敌人约定交战日期，先下手为强。什么对敌人最重要，我就夺你什么，占领敌人的战略要地，破坏敌人的联盟，烧掉敌人的粮草……看你还能拿什么来打。

第五，“践墨随敌，以决战事”。计划没有变化快，战场情势时刻处于变化之中，不能墨守成规，拘泥于计划，要根据实际情况随时做出合理调整。

第六，“始如处女，后如脱兔”。伪装自己，示形于敌，敌人一旦上当，就要像逃跑的兔子那样，速度要快，蹿上去就咬一口，敌人根本来不及抗拒。

第十二

火攻篇

本篇主要论述了冷兵器时代战争中一种特殊而且威力强大的进攻手段——火攻。

孙子在本篇详细论述了火攻的对象、实施条件、实施方法，以及火攻的重要作用，指明运用火攻应注意的各种问题以及应采取的灵活策略。鉴于失败在古代的具大杀伤力和残酷性，孙子主张“非利不动，非得不用，非危不战”的战略原则，提出“主不可以怒而兴师，将不可以愠而致战”的慎战思想，这也是孙子具有“仁”的思想体现。

图说 孙子兵法

孙子曰：凡火攻有五[1]：一曰火人，二曰火积，三曰火辎，四曰火库，五曰火队[2]。

通说

1 **火攻有五：**火攻的对象有五种。

2 **一曰火人，二曰火积，三曰火辎，四曰火库，五曰火队：**火烧敌军的人马、火烧敌军的粮草、火烧敌军的辎重、火烧敌军的武器仓库、火烧敌人的粮道。火，动词，烧。积，粮草。队，通隧，道路。库，武器仓库。

孙子在这一段重点论述了火攻的五种对象。

这五种对象可以分为两大类，一类是敌人的有生力量，包括人和牲口；一类是军需物资，包括粮草、辎重和武器等。

行火必有因，烟火必素具[1]。发火有时，起火有日[2]。时者，天之燥也[3]；日者，月在箕、壁、翼、轸也[4]。凡此四宿者，风起之日也[5]。

通说

1 **行火必有因，烟火必素具：**用火攻敌必须具备一定的条件，火攻器材必须平时就准备好。因，条件。素，平时。具，具备，准备。

2 **发火有时，起火有日：**放火要选择有利的天时，起火要选择有利的日期。

3 **时者，天之燥也：**所谓天时，就是干燥的季节。

4 **日者，月在箕、壁、翼、轸也：**所谓日期，就是月亮运行到箕、壁、翼、轸四宿位置的那些天。箕、壁、翼、轸是二十八星宿中的四宿。二十八星宿都在赤道附近，被用作天空的标志。宿，月亮运行的位置。四宿好风，月宿在此时一般多风。

5 **凡此四宿者，风起之日也：**月亮运行经过四宿位置时，就是起风的日子。

孙子在这一段重点论述了实施火攻的条件：其一是准备好发火器材；其二是选择干燥的天时和起风的日期，即月亮运行到“箕”、“壁”、“翼”、“轸”四个星宿的位置，就是起风的日子。

壁

箕

翼

轸

凡火攻，必因五火之变而应之[1]。火发于内，则早应之于外[2]。火发兵静者，待而勿攻[3]，极其火力，可从而从之，不可从而止[4]。火可发于外，无待于内[5]，以时发之[6]。火发上风，无攻下风[7]。昼风久，夜风止[8]。凡军必知有五火之变，以数守之[9]。

通说

1 **凡火攻，必因五火之变而应之：** 凡是进行火攻，必须根据五种火攻的对象变化而采取不同的方式，并用兵力加以策应。因，根据。应，策应、配合。“人”与“火”要相互策应和配合，才能起到更有效的作用，这和孙子论述的“人”与“地”的相互配合才能得地利的道理是一样的。

2 **火发于内，则早应之于外：** 从敌营内部放火，要及时派兵从外部策应。

3 **火发兵静者，待而勿攻：** 火烧起来以后而敌兵镇静不乱，表明敌军有所防范，则要耐心等待，观察敌人动静，不可贸然进攻。

4 **极其火力，可从而从之，不可从而止：** 火势烧到最旺的时候，如果可以进攻就立即进攻，如果不宜进攻就立即停止。极，尽。从，根据情况发动进攻。

5 **火可发于外，无待于内：** 如果可从敌营外部放火，不必等待内应，及时发动进攻。

6 **以时发之：** 根据天时（干燥的季节）、日期（月亮运行的位置）情况实施火攻。

7 **火发上风，无攻下风：** 在上风口放火，不能从下风口放火或者进攻。在下风头放火或进攻容易烧到自己。

8 **昼风久，夜风止：** 白天风刮久了，到了晚上就会停止。古代对气候的认识受科学的局限，仅限于一般常识，不一定科学。

9 **凡军必知有五火之变，以数守之：** 军队必须懂得灵活运用五种火攻方法及其变化，等待具备实施火攻的条件。数，星宿运行的度数，也就是起风的症候，具备实施火攻的条件。

孙子在这一段主要论述了火攻的原则，即五火之变。

原则一，用火攻必须运用兵力加以配合。

原则二，从敌人内部放火，敌人乱则进攻，敌人不乱则注意观察敌情变化，能攻则攻，不能攻则撤退。

原则三，从敌人外部放火，不必等待内应，及时跟进，发动进攻。

原则四，在上风口放火，火借风势，火烧更旺，不能从下风口放火或进攻，容易烧到自己。

原则五，必须具备火攻的天时日期等条件才能实施。

孙子强调，实施火攻必须根据敌情的变化，灵活应用，机变处置，才能发挥火攻的作用。

着火啦，快跑啊！

敌人已经乱了，进攻！

故以火佐攻者明，以水佐攻者强[1]。水可以绝，不可以夺[2]。

通说

1 **以火佐攻者明，以水佐攻者强：**用火来辅助军队进攻，效果就很显著，用水来辅助军队进攻，攻势可以加强。明，效果明显，效果显著。佐，辅助。强，加强。

2 **水可以绝，不可以夺：**水可以隔绝敌军的联系，但不能像火那样焚毁敌人的军需物资。夺，夺取，剥夺。这里指水不能像火那样焚毁敌人的军需物资。

孙子在这一段主要论述火攻与水攻的区别。火攻和水攻都是借助自然之力，用来进攻敌人的一种特殊手段，但二者在效果上有区别，火的杀伤力更强于水。但水火无情，弄不好都有可能伤到自己，因此要慎重。

夫战胜攻取，而不修其功者凶，命曰费留[1]。故曰：明主虑之，良将修之[2]。非利不动，非得不用，非危不战[3]。主不可以怒而兴师，将不可以愠而致战[4]；合于利而动，不合于利而止[5]。怒可以复喜，愠可以复悦[6]；亡国不可以复存，死者不可以复生[7]。故明君慎之，良将警之[8]，此安国全军之道也[9]。

通说

1 **夫战胜攻取，而不修其功者凶，命曰费留：** 打了胜仗，夺取了敌人的城邑和土地，却不能巩固胜利成果的，就很危险了，这就叫“费留”。夫，语气助词。修，巩固，加强管理。功，胜利果实。凶，指危险，与吉相对。费留，费指白白牺牲将士的生命和国家的财力，留指白白浪费时间。强调不能做好战后重建工作，及时巩固胜利成果是兵家大忌。

图说 孙子兵法 TUSHUO SUNZIBINGFA

2 明主虑之，良将修之：明智的君主要慎重考虑这个问题，优秀的将帅要严肃处理这个问题。之，指如何巩固胜利果实这个问题。虑，考虑。修，处理。

3 非利不动，非得不用，非危不战：没有利益就不行动，不能取胜就不用兵，不到危急关头不轻易开战。得，取胜。用，用兵。

4 主不可以怒而兴师，将不可以愠而致战：国君不可因愤怒而发动战争，将帅不可因怨恨出阵求战。主，君主。以，因为。兴师，发动战争。愠（yùn），恼怒，怨恨。

5 **合于利而动，不合于利而止：**对国家有利才行动，对国家不利就停止。合，符合。

6 **怒可以复喜，愠可以复悦：**愤怒可以重新变为欢喜，怨恨可以重新变为高兴。

7 **亡国不可以复存，死者不可以复生：**国家灭亡了就不再存在，人死了就不能再生。

8 **明君慎之，良将警之：**对待战争，明智的国君一定要慎重，优秀的将帅要警惕。

9 **此安国全军之道也：**这是安定国家、保全军队的关键。

孙子总结全文，对明主和良将提出两个需要“虑之”、“警之”的重要问题，其一是夺取了敌人的城邑和土地，要及时搞好战后重建工作，巩固胜利成果，否则就会白白牺牲将士的生命，浪费国家的财力。其二是对待战争一定要抱持慎重态度，要始终坚守一个原则，即“非利不动，非得不用，非危不战”，在“计篇”的基础上再次强调主“不可怒而兴师，将不可愠而致战”的慎战思想，指出这才是安国全军之道。

第十三

用间篇

本篇主要论述在战争中如何运用间谍的问题，包括使用间谍的重要性，间谍种类的划分，间谍使用的方法等。分析不同种类间谍的特色及使用价值，强调“反间”的特殊重要性。孙子明确提出“三军之事，莫亲于间，赏莫厚于间，事莫密于间”的用间三原则，总结出“明君贤将，能以上智为间者，必成大功”的历史规律。

图说 孙子兵法

孙子曰：凡兴师十万，出征千里，百姓之费，公家之奉，日费千金[1]；内外骚动[2]，怠于道路[3]，不得操事者，七十万家[4]。相守数年，以争一日之胜[5]，而爱爵禄百金[6]，不知敌之情者，不仁之至也[7]，非人之将也，非主之佐也，非胜之主也[8]。故明君贤将，所以动而胜人，成功出于众者，先知也[9]。先知者，不可取于鬼神[10]，不可象于事[11]，不可验于度[12]，必取于人，知敌之情者也[13]。

通说

1 **兴师十万，出征千里，百姓之费，公家之奉，日费千金：**兴兵十万，远征千里，百姓的耗费，国家的开支，每天要花费千金。公家，即国家。“奉”通“俸”，指军费开支。孙子在这里再次强调了战争需要付出巨大的物力成本。

2 **内外骚动：**全国上下混乱不安。

3 **怠于道路：**民众长途转运各种军需物资，耗时耗力，非常疲惫。怠，疲惫。孙子强调战争付出的巨大人力成本。

4 **不得操事者，七十万家：**不能正常从事耕作的有七十万家之多。我国古代商朝开始施行，一夫田一顷，九顷之地，中心一顷，凿井筑庐，八家居之。一家从军，七家奉之。所以举兵10万，故不能正常从事耕作者七十万家。

5 相守数年，以争一日之胜：与敌人相持数年，就是为了争取一朝的胜利。数年，不是确数，战争时间难以准确估计，指战争时间长，付出的代价大。

6 爱爵禄百金：吝惜爵禄和金钱，不肯赏赐于人。爱，吝惜。爵禄，爵位和俸禄。百金，丰厚的钱财赏赐。

7 不知敌之情者，不仁之至也：不了解敌情的将帅，是最不仁慈的。不肯厚赏于人，就不会有人愿意做间谍这种危险的事情；没有间谍，就不了解敌情；不了解敌情，就会打败仗；打了败仗，付出的巨大成本就打了水漂，白白牺牲许多将士的生命，浪费金钱和时间，所以不仁之至。

8 非人之将也，非主之佐也，非胜之主也：不懂用人的将领，就不配做国君的辅佐之臣，就不能主宰战争的胜利。

9 明君贤将，所以动而胜人，成功出于众者，先知也：开明的君主，贤良的将帅，之所以一出兵就能克敌制胜，取得超过普通人的卓著功业，就是因为事先了解敌情。动，行动，引申为出兵。先知，预先了解、知道敌情。

10 先知者，不可取于鬼神：要想预先了解敌情，不可通过求神问鬼的方式来获取。孙子的庙算思想彻底摆脱了古代战争通过祭祀天神和祖先以及占卜等迷信的方式祈求得到鬼神的护佑的迷信思想，对敌情的准确判断来自于可靠的情报和科学的判断方式。

11 不可象于事：不可拿相似的事情做类比而推测敌情。象，类似。意为仅凭经验做事情。用已经发生过的事情来以此类推，就犯了经验主义错误。

12 不可验于度：不可根据日月星辰的运行的位置来判断战争结果走向。验，验证。度，天象的度数。即用日月星辰运行的位置来推验吉凶祸福。战争的结果走向取决于“五事七计”。
孙将军，彗星划过某某星宿，是否预示着这次出兵会遇到危险？
这都是日月星辰运行的正常显现，不可用来推断吉凶祸福。

13 必取于人，知敌之情者也：一定从了解敌情的人那里去取得。

孙子在这一段重点论述了间谍的重要意义。

孙子认为，发动战争需要付出巨大的成本，物质成本——日费千金；时间成本——相守数年；人力成本——兴兵十万，不得操事者七十万家。如果因为爱爵禄千金而不重用间谍去了解敌情，导致不能争一日之胜，这些成本就打了水漂。这样的将帅，只看眼前小利，不顾长远大局，不是一个合格的将帅，称不上是国君的辅佐，更谈不上是胜利的主宰者。

孙子认为，要想了解敌情，准确地判断战争结果走向，其一不能求之于鬼神的护佑，其二不能凭经验来类推，其三不能靠观测日月星辰的运行位置来验证战争的祸福吉凶，而是将准确的情报作为科学的判断依据。

要想获得准确的情报，则必取于人，取于那些了解敌情的人，也就是间谍。根据间谍提供的可靠情报，做出科学的分析和判断，才能成为“先知”，才能“动而胜人”，取得非凡的战功。

间谍是孙子“知彼知己，百战不殆”这一军事原则中“知彼”的可靠情报来源和重要的判断依据，对于军事行动和胜败结果有着重大的意义和不可分割的联系。

故用间有五：有因间，有内间，有反间，有死间，有生间[1]。五间俱起，莫知其道，是谓神纪，人君之宝也[2]。因间者，因其乡人而用之[3]。内间者，因其官人而用之[4]。反间者，因其敌间而用之[5]。死间者，为诳事于外，令吾间知之，而传于敌间也[6]。生间者，反报也[7]。

通说

1 用间有五：有因间，有内间，有反间，有死间，有生间：间谍有五种类型，分为乡间、内间、反间、死间、生间。

2 五间俱起，莫知其道，是谓神纪，人君之宝也：五种间谍同时使用，敌人就无法了解我用间的规律，这就是使用间谍的神妙莫测的方法，也是国君克敌制胜的法宝。所谓五间俱起，就是要组建一支强大的信息收集网络，各有分工，相互配合。莫知其道，强调对间谍工作的保密性。神纪，神妙莫测之道。战争有明战和暗战。明战是野战，是攻城，暗战就是间谍战，是明战的关键，是战中之战。明战讲诈。暗战更需用诈，虚虚实实，实实虚虚，没有超常的智慧和强大的心理做不了间谍。神纪既指暗战的神妙莫测，也指间谍的非凡的智慧。

3 因间者，因其乡人而用之：所谓因间，就是收买敌国的地方官做间谍。乡人，春秋时期对地方官乡大夫的略称，如齐国称之为“乡良人”，宋国称之为“乡正”。“因向”也称为“乡间”。

4 内间者，因其官人而用之：所谓内间，就是收买敌国的官吏做间谍。官人，官吏。

5 反间者，因其敌间而用之：所谓反间，就是收买敌方间谍为我所用。反间即为今天所说双面间谍。

6 死间者，为诳事于外，令吾间知之，而传于敌间也：所谓死间，是指故意散布假情报，并通过我方潜入敌人内部的间谍传给敌间，敌军上当后就会被处死的间谍。诳（kuáng），欺骗、迷惑。

7 生间者，反报也：所谓生间，就是能活着回来报告敌情的间谍。反，通返，返回。

这一段孙子重点论述了间谍的五种类型，前三种都是收买、策反敌人的内部人员或敌人的间谍来为我所用，后两种是自己人，派出去从事间谍的工作。

孙子强调要五间俱起，组成一支强大的信息情报网络，各有分工，相互配合，才能有效获取相关军事情报。在搜集情报的同时，还要用假情报去欺敌，误敌，通过各种手段的应用和配合，才能让敌人“莫知其道”，才能充分发挥间谍的作用，才能成为克敌制胜的法宝。

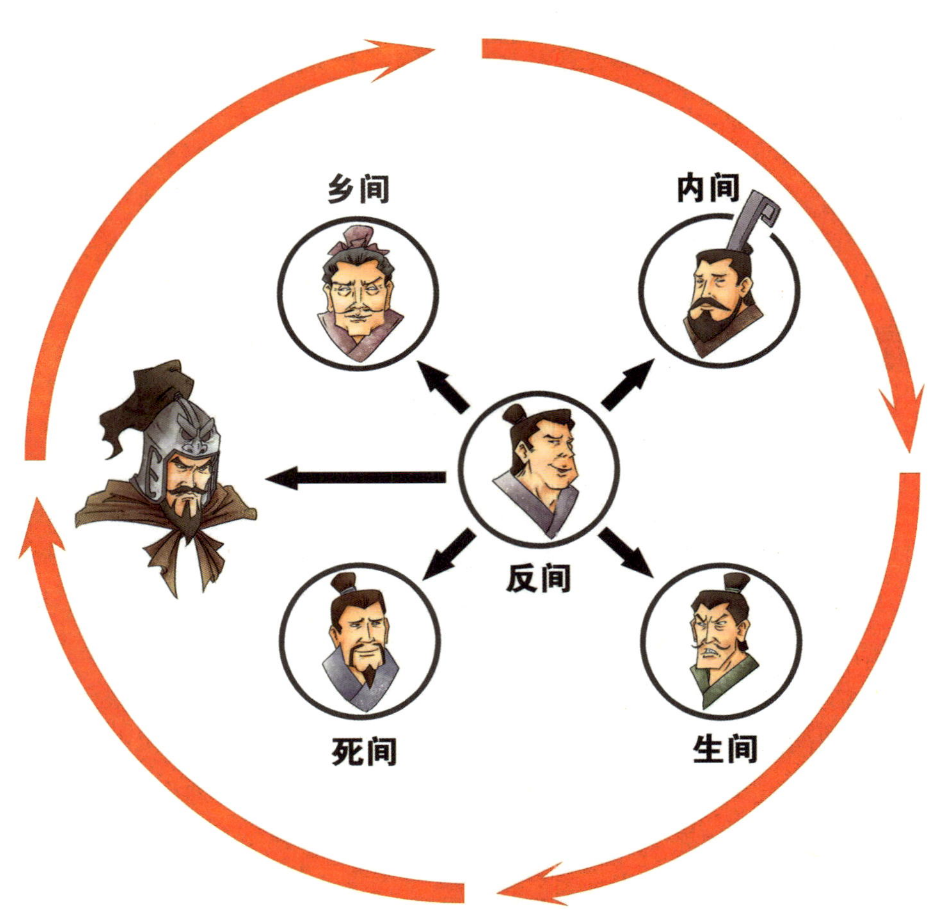

间谍的五种类型

故三军之事[1]，莫亲于间[2]，赏莫厚于间[3]，事莫密于间[4]。非圣智不能用间[5]，非仁义不能使间[6]，非微妙不能得间之实[7]。微哉！微哉！无所不用间也[8]。间事未发，而先闻者，间与所告者皆死[9]。

通说

1 故三军之事：因此，军队中的一切事务。

2 莫亲于间：与将帅的关系没有比间谍更亲密的了。

3 赏莫厚于间：没有比间谍更应该得到丰厚的奖赏了。

4 事莫密于间：没有比间谍的事更应该保守机密了。

5 非圣智不能用间：不是才智超群的人不能利用间谍。圣智，杰出的才智。

6 非仁义不能使间：不是仁慈慷慨的人不能使用间谍。仁义，仁慈慷慨，对间谍不吝啬厚赏。

7 非微妙不能得间之实：如果不能够做到用心精细、手段巧妙，就不能准确判断间谍所获情报的真伪。微妙，指用心精细，手段巧妙。实，指情报的真伪。

8 微哉！微哉！无所不用间也：微妙啊！微妙啊！真是无处不可使用间谍呀！无处不可使用间谍，也要无处不防敌人的间谍。

9 间事未发，而先闻者，间与所告者皆死：用间的计谋尚未施行，就被泄露出去，间谍和知道机密的人都要处死。

孙子在这一段论述的是间谍工作的特殊性。间谍工作的特殊性体现在以下几个方面：

其一，间谍工作的特殊性体现在一个“亲”字上，只有那些与将帅关系非常亲密，信得过的人才能派出去做间谍，才不会轻易背叛。

其二，间谍工作的特殊性体现在一个“密”字上，对间谍的身份要保密，工作内容要保密，不能有丝毫泄露，这不仅关系到间谍的个人安危，更关系到战争的胜败，一旦泄密，所有相关人员都要处死，以绝后患。

其三，间谍工作的特殊性体现在一个“赏”字上，间谍是一份特殊的职业，特殊之处在于时刻面临生命危险，所以对待间谍要给予特殊的关照，即厚赏，才能激发动力，尤其对于反间，更要施无法之赏，才能打动他，使其为我所用。

其四，间谍工作的特殊性体现在一个“智”字上，没有超强的智慧，不能使用间谍，这主要体现在间谍的有效管理和对情报真伪的甄别两个方面。尤其是情报甄别，我们可以用假情报迷惑敌人，同样敌人也可以用假情报来欺骗我们，如何识别情报的真伪，做出准确判断并采取正确行动，这就要求将帅要具有超强的智慧。

其五，间谍工作的特殊性体现在一个“仁”字上，对待间谍，不仅要慷慨厚赏，还要仁慈，要给予特殊关照，免除其后顾之忧。

凡军之所欲击[1]，城之所欲攻[2]，人之所欲杀[3]，必先知其守将、左右、谒者、门者、舍人之姓名，令吾间必索知之[4]。

通说

1 **凡军之所欲击：** 凡是要攻击的敌方军队。

2 **城之所欲攻：** 要攻打的敌方城邑。

3 **人之所欲杀：** 要刺杀的敌方人员。

4 **必先知其守将、左右、谒者、门者、舍人之姓名，令吾间必索知之：** 必须要先打听敌军守城的将领、左右亲信、掌管传达通报的官员、守门官吏以及门客幕僚等的姓名，命令我方间谍一定要侦察清楚。左右，守将身边的亲信。谒者，负责传达通报的官员。门者，负责守门的官吏。舍人，门客，指谋士幕僚。

图说 孙子兵法 TUSHUO SUNZI BINGFA

孙子这一段主要论述了间谍的主要任务。

凡是要攻击的敌方军队、要攻打的敌方城邑、要刺杀的敌方人员，其负责的将领、左右亲信、掌管传达通报的官吏、负责守门的官吏和门客幕僚的姓名以及相关情况都要侦察清楚，才能制定行动方案。

必索敌人之间来间我者，因而利之，导而舍之，故反间可得而用也[1]。因是而知之，故乡间、内间可得而使也[2]；因是而知之，故死间为诳事，可使告敌[3]。因是而知之，故生间可使如期[4]。五间之事，主必知之[5]，知之必在于反间，故反间不可不厚也[6]。

通说

1 **必索敌人之间来间我者，因而利之，导而舍之，故反间可得而用也：**必须搜查出敌方派来刺探我方军情的间谍，加以收买和利用，经过引诱开导，然后再放他回去，这样，反间就可以为我所用了。索，搜索。间我，搜集、刺探我方情报。利，收买。之，代指间谍。导，开导。舍之，放间谍回去。

2 **因是而知之，故乡间，内间可得而使也：**从反间那里获悉了敌人的内情，所以，通过利用反间，乡间、内间才能有效地加以使用。反间、乡间、内间相互配合，组成有效的间谍情报网络，既可以通过反间来传递乡间、内间的情报，也可以印证他们之间情报的真实性。

3 **因是而知之，故死间为诳事，可使告敌：**从反间那里获悉了敌人的内情，这样就能使死间传递假情报给敌人。诳事，用假情报欺骗敌人。

4 **因是而知之，故生间可使如期：**从反间那里获悉了敌人的内情，所以就可以使生间按照预定时间回来汇报敌情。如期，按照预定时间。

5 **五间之事，主必知之：**五种间谍的使用方法，国君必须了解和掌握。

6 **知之必在于反间，故反间不可不厚也：**了解情报的关键在于反间，所以对待反间不能不给予优厚的待遇。

这一段孙子主要论述了对反间的使用方法。

孙子认为，五间之事，反间是关键。只要用好了反间，那么，乡间、内间、死间、生间之间才能相互协调，相互配合，组成一个有效的情报获取网络。

所以，作为国君或将帅，一定要厚待反间，因而利之，导而舍之，使其为我所用。

昔殷之兴也，伊挚在夏[1]；周之兴也，吕牙在殷[2]。故惟明君贤将，能以上智为间者，必成大功[3]。此兵之要，三军之所恃而动也[4]。

通说

1 昔殷之兴也，伊挚在夏：从前，商朝的兴起，是因为重用了曾经在夏朝为臣的伊尹。昔，以前，过去。殷，商朝，因盘亘迁都在殷而得名。伊挚，即伊尹，曾在夏朝为官，了解夏朝情况，商汤用他为相，打败了夏桀，灭了夏朝。

2 周之兴也，吕牙在殷：周朝的兴起，是因为重用了曾经在商朝为官的姜子牙。周，周朝。吕牙，即姜尚，字子牙。曾在商朝做官，后离开，得到周文王、周武王重用，封为太师，打败了商纣王，灭了商朝，被封于齐。

3 惟明君贤将，能以上智为间者，必成大功：明智的国君，贤能的将帅，能任用智慧超群的人作为间谍，就一定能成就大的功业。上智，最有智谋的人。

4 此兵之要，三军之所恃而动也：这就是用兵作战的关键所在，整个军队都要依靠间谍提供的情报而采取行动。恃，依赖，依靠。

孙子总结全文，以商灭夏、周灭商为例，论述了伊尹和姜子牙这两个智慧超群的间谍在其中所起的重要作用，强调明君贤将，要想建功立业，就必须重用间谍，军队必须依靠间谍提供的情报采取行动，这是用兵作战的关键所在。